Anka Zink

Mein langer, feuchter
Wellnessweg

Ein Selbstversuch

Unter Mitwirkung von Michael Eichhammer

Originalausgabe
© 2009 VGS
verlegt durch EGMONT Verlagsgesellschaften mbH,
Gertrudenstraße 30–36, 50667 Köln

2. Auflage
Umschlaggestaltung: Zero Werbeagentur München
Umschlagfoto: Linn Marx, Wolfgang Spicher
Fotos Innenklappe: Linn Marx, Peter Kapser
Illustrationen: Sue Appleton
Lektorat: Swantje Steinbrink
Satz: Hans Winkens, Wegberg
Redaktion: Yvonne Tiedt
Produktion: Simone Nauerth
Druck: CPI – Clausen & Bosse, Leck
ISBN 978-3-8025-3672-4

www.vgs.de

Inhalt

Natürlich gibt es Watte, Plopp und Tscheer so,
wie sie hier beschrieben sind – oder so ähnlich.
Wer langweilige Biografien spannend findet,
kann ja Facebook lesen.

Vorspann

D amit du weiter so schön attraktiv bleibst!«
Mit strahlendem Lächeln sitzen sie vor mir und überreichen unter großem Brimbramborium das Hauptgeschenk zu meinem runden Geburtstag. Einen Umschlag.

»Den musst du jetzt sofort öffnen!«, fordern meine liebsten Freunde und Freundinnen.

Ich öffne also das Kuvert. Es enthält eine mit Liebe und Sorgfalt zusammengestellte Liste der Ärzte, die als Spezialisten für Schlupflider gelten.

»Tolles Geschenk!«, sage ich einigermaßen gefasst und mache große Augen. »Großartiger Gag!«, schicke ich hinterher, befürchte aber, dass es verdammt ernst gemeint ist. Ich fühle mich, als würde man mir den Teppich unter den Füßen wegziehen, mache aber eine fröhliche Miene. Uncool zu reagieren wäre unattraktiv. Ganz zu schweigen vom Stirnrunzeln.

Also bedanke ich mich artig und bringe die Menschen Stunden später mit mehr oder weniger großem »Hallo« zur Tür.

»Das ist kein Gag«, flüstert mir meine Freundin Tscheer ins Ohr, »mein Favorit ist übrigens Nummer drei.«

Sie zwinkert mir mit einem makellosen Äugelchen zu. Ich hatte die liebenswürdige Schlupfliderliste eigentlich schon prima verdrängt, aber wie gut, dass man Freundinnen hat!

Nachtmüde sondiere ich meine Räume. Eine Orgie war das nicht. Im Gegenteil, die Wohnung wirkt erstaunlich aufgeräumt. Überall Blumen, sehr schön. Ein paar halb leere Gläser, kein kalter Qualm, die Gäste haben, so sie es denn überhaupt noch wagen, auf der Terrasse geraucht. Jede Menge leerer Flaschen. Wasserflaschen! Ich hätte im Laufe des Abends schon stutzig werden müssen … Aber ich war arglos. Hatte es hingenommen. Das ist wohl so an »runden« Geburtstagen in der zweiten Lebenshälfte. Der eine »muss fahren«, die andere »am nächsten Tag früh raus«. Ich selbst habe, von einem erfahrenen Trinker mit Leberschaden angeleitet, brav jedes Glas Wein von dem folgenden durch ein Glas Wasser getrennt. Also habe auch ich jede Menge Wasser getrunken. Anscheinend funktioniert das, mir geht es ziemlich gut für einen so langen Abend. Zumindest fühlte ich mich bis eben gut. Langsam steigt in mir ein Unwohlsein auf, das ich nicht erklären kann.

Aus dem Kühlschrank greife ich ein Frikadellchen. Ich liebe kaltes Fleisch, vor allem bei solchen Gelegenheiten. Genau genommen ist Frikadelle ja Fleisch mit Brötchen drin, aber so genau nehme ich es nicht. Noch nicht. Noch bin ich arglos.

Mit meinem Proviant begebe ich mich an meinen Gabentisch. Der ist auch nicht mehr das, was er mal war. Früher häuften sich hier Pakete. Und Flaschen, vornehmlich Hochprozentiges. Heute liegen hier fein säuberlich gestapelt Umschläge. Ob da wohl Geld drin ist? Die Zeiten werden ja härter. Na ja, ein paar kleine Päckchen sind auch dabei.

Ich erweitere mein kleines Nachtmahl um ein Mineralwasser mit zwei leckeren Aspirin. Es ist zwar nicht zwingend notwendig, aber ich habe gute Erfahrung mit dieser Methode zur allgemeinen körperlichen Aufheiterung nach exzessiven Partynächten.

Danach suche und finde ich meine Lesebrille und öffne den ersten Umschlag. Ein Gutschein für ein »Kleopatra-Bad«. Ich kenne das Hotel, in dem dieser Luxus angeboten wird; gespart hat man bei diesem Geschenk also nicht. In herzlichen Worten wünscht man mir einen unvergesslichen Tag, an dem ich mich so wohl fühlen werde wie seinerzeit die alte Ägypterin. Ich fühle mich geschmeichelt. Zu Kleopatra habe ich zwar keinen tiefen Bezug, wohl aber zu Liz Taylor, die sie im Film verkörperte. Liz war mein großes Vorbild als Schauspielerin, bevor sie dick wurde und bevor ich wusste, dass sie Lassies erstes Herrchen gewesen war. Als ich einmal den Fehler beging, öffentlich zu bekennen, wie sehr ich mich für sie begeisterte, musste ich mir anhören, ich hätte so viel Ähnlichkeit mit ihr wie ein Dackel mit einem Jagdhund. Auch Dackel sind Jagdhunde, dachte ich wütend, hütete mich aber, noch einmal davon zu sprechen. Damals ahnte ich noch nichts von meinem Schicksal als Komikerin und davon, dass der Witz in der Diskrepanz zwischen Ideal und Wirklichkeit besteht. Doch was das Gewicht angeht, habe ich immerhin dasselbe Potenzial wie Liz …

Das nächste Geschenk ist ein Buch: »Schlank im Schlaf«. Gut, schmunzele ich, da kennt einer deine geheimen Wünsche. Weitere Geschenke sind Wellness-Argan-Öl, Wellnesstee und Wellnessbadesalz. Alle Gaben mit weitschweifigen Erläuterungen, warum diese Produkte so gut, wirkungsvoll, unverzichtbar, ökologisch einwandfrei und biologisch abbaubar sind. Und im persönlichen Anschreiben: warum ich die brauche. Weil ich doch so belastet bin und zur Ruhe kommen muss, um mich selbst zu finden. Woher wissen die das? Allmählich wird aus dem anfänglichen Unwohlsein eine satte Verstimmung. Und ich befürchte, das ist erst der Anfang. Weiter geht es mit einem Schnupperkurs Pilates – von wem ist der denn? Ach, von Plopp … Plopp ist nämlich der Meinung, dass sämtliche Probleme der Welt durch Gymnastik gelöst werden können.

Es folgt ein Lady-Walk durch die Eifel inklusive Übernachtung in der dortigen Wellnessoase.

Kurzfristig verspüre ich Lust auf eine Zigarette und ein Bier. Ich unterdrücke die Gelüste, ebenso den wachsenden Groll – und mache weiter.

Nun kommen Gutscheine für Gesichtspeeling, für ein Solebad, für einen »Verwöhnabend am Kaminfeuer« (dahinter steht die schlecht verborgene Aufforderung, mit dem edlen Spender in den Wintersport zu fahren, ich hasse Wintersport). Schließlich noch eine Einladung zu »Meditation in der Sauna«, alternativ könnte ich auch eine hawaiianische Tempelmassage buchen, allerdings nicht auf Hawaii, sondern in Köln-Sülz.

Ich muss mich setzen und trinke statt einem Bierchen meinen Aspirin-Cocktail auf ex. Schlagartig wird mir klar, dass diese Häufung von Gutscheinen kein Zufall ist. »Du spiegelst dich in den Augen der anderen. Und die anderen spiegeln sich in dir.« So ein Soziologiestudium kann hin und wieder recht nützlich sein. Gibt es doch immer wieder Gelegenheiten, sein mühsam erlerntes Wissen in der Praxis anzuwenden. Nur leider ist nirgendwo festgelegt, dass Erkenntnis Freude machen muss!

Bei dieser geballten Wellnessgutschein-Ladung handelt es sich nicht mehr um nett gemeinte Präsente, das sind gezielte Angriffe auf mich und meine Seele. Und auf meine komödiantische Antiwellnessgesinnung. Es sieht ganz so aus, als hätte sich mein gesamter Freundeskreis verabredet, mir liebevolle Hinweise mit Zaunpfählen zu geben, die allesamt in eine Richtung deuten. Jawohl, meine Freunde und Freundinnen sehen mich als zerrüttetes Wrack, in körperlich-seelischer Auflösung befindlich, an der Grenze der gesellschaftlichen Zumutbarkeit. Und gleichzeitig können sie sich so an mir rächen, weil ich mich immer über ihren Wellness-, Sport- und Schönheitswahn lustig mache. Noch dazu in aller Öffentlichkeit.

Aber das ist nun einmal mein Beruf! Seit ein paar Monaten

toure ich schließlich mit meinem neuen Programm »Wellness für alle« durch die Gegend und nehme das Wellnesswunderland Deutschland aufs Korn. Ist das hier nun die Rache? Böses Karma?

Was für eine Unverschämtheit! Frechheit! Beleidigung! Verrat! Meine Stimmung ist am Boden, ich fühle mich miserabel. Angegriffen, verbraucht, faltig. Unattraktiv. Spontan trete ich mit meiner Lesebrille vor den Spiegel. Und was ich darin sehe, ist angegriffen, verbraucht und faltig. Das ist der Status quo … Aber noch lange kein Grund, auf mir herumzutrampeln, mich zu demütigen und mit sinnlosen Wellnessgutscheinen zu bombardieren. Jawohl, sinnlos. Wellnessöl, Meditation und Solebäder. So ein Quatsch. Ich steigere mich in mein Lieblingsthema hinein und könnte aus dem Stand zwei Stunden frei darüber referieren. Leider ist gerade niemand da, der es hören möchte.

Ich muss wieder runterkommen. Zur Erholung gönne ich mir noch ein Frikadellchen, blättere in »Schlank im Schlaf« und lese als Erstes, dass man morgens Eiweiß und Kohlehydrate trennen soll. Ich schaue auf die Uhr. Manche Menschen stehen um diese Zeit auf. Es ist praktisch *morgens*. Sofort lege ich das Buch wieder weg. Die Frikadelle auch. Aber nur, weil sie mir sowieso nicht mehr schmeckt! So weit kommt es noch: Pilates und Trennkost. Dann ist das Leben in der Tat vorbei. Das Leben. Ein runder Geburtstag. Der Blick in den Spiegel morgens um halb sechs war eine Sch…idee!

Doch mir schwant, ich muss das Thema nicht nur beruflich angehen. Es wäre gelogen zu behaupten, dass mein Leben nicht anstrengend wäre. Eile, Termine, jeden Abend eine andere Stadt, eine andere Bühne, ein anderes Hotelbett. Immer Bella Figura machen, nicht jedem Depp sagen dürfen, was man von ihm hält. Ganz abgesehen davon, dass die Bella Figura auch nicht immer hält, was sie verspricht. Das strengt an. Das ewige An- und Ausziehen am Flughafen. Die ausführliche Besichtigung der Baufortschritte an Autobahnkreuzen, während die Autoschlange im Schneckentempo weiterkriecht – und die Zeit rast. Die vielen mehr oder weniger lustigen Abenteuer mit der Deutschen Bahn, wunderbar zu erzählen, kosten aber Nerven. Die Segnungen der modernen Technik wie Handy, Computer, Navi treiben mich gelegentlich an den Rand des Wahnsinns. Ganz zu schweigen von all den Menschen um mich herum mit ihren Anforderungen, sich um ihren Geburtstag, unser Weihnachten, ihren Liebeskummer, ihre Gehhilfe oder unsere Planung fürs Wochenende zu kümmern … Bei aller Liebe: Das zehrt. Modernes Leben ist anstrengend. Und schuld daran sind immer die anderen. Na ja, zumindest meistens. Wie, bitte schön, soll denn da jemand noch Zeit für sich haben, für seinen Körper, seine Seele, seinen Geist?

Und zu all meinen Aufgaben gesellt sich jetzt noch eine Wellnessoasen-Ochsentour. Wenn ich das alles abarbeite, sehe ich danach vor lauter Expresserholung entweder wirklich aus wie Liz Taylor zu ihren besten Zeiten, oder ich bin vom Zwangserholungsmarathon so erschöpft, dass man die Schlupflider-Spezialisten-Liste um einige Fachkollegen erweitern lassen muss … Flussläufe am linken Unterschenkel entfernen oder Bauchfett absaugen. Und ein Facharzt, der unsichtbare Abnäher an der Unterseite der Oberarme anfertigt.

In meinem Inneren ringen verschiedene Engelchen und Teufelchen miteinander. Aber in diesem Moment siegt die totale Verweigerung. »Nein, danke … Ich kann diesen Preis nicht annehmen!« Ich werde den Gutscheinstapel postwendend zurückschicken oder für einen guten Zweck versteigern. Bei eBay. Von dem Erlös kaufe ich Süßigkeiten für ein Kinderheim. Oder Zigaretten für Penner. Oder Frikadellen für mich.

Ich raffe die Umschläge zusammen, als mein Blick auf die Liste fällt … Ja, ich habe Schlupflider. Na und? Das Leben hinterlässt nun einmal Spuren in und am Körper. Aber muss man die alle tilgen, ausmerzen, beseitigen? Natürlich hinterlässt es auch Spuren an Charakter, Persönlichkeit und Gemütszustand. Andererseits … eigentlich ist gegen Bestandserhaltung und Verbesserung gar nichts zu sagen. Vielleicht habe ich mir bislang etwas vorgemacht, und es ist an der Zeit, etwas zu unternehmen. Und die Schlupflider stören mich schon ein bisschen, wenn ich ehrlich bin.

Vielleicht sollte ich es einfach mal probieren. Es kostet ja nichts – außer meiner Zeit. In einer brisanten Mischung aus Zorn, Resignation und Neugier fasse ich einen folgenschweren Entschluss: Von Stund an werde ich jedes Badezimmer und jedes Badesalz, jede medizinische und jede kosmetische Anwendung, jeden Raum und jedes Transportmittel, jede Lebens-, Liebes- und Arbeitssituation, jede Massage und jede sportliche Aktivität unter ihrem Wellness-Aspekt betrachten und bewerten. Dann werden wir ja am Ende sehen, ob ich mir die Augen machen lasse.

Jetzt lasse ich mich erst mal auf das Wagnis ein.

Andere gehen den Jakobsweg.

Ich gehe den Wellnessweg.

Spieglein, Spieglein an der Wand

Nach weltbewegenden Entschlüssen ist gut schlafen. Als ich gegen Mittag wach werde, lasse ich den Gabentisch links liegen und schwinge mich erst einmal aufs Fahrrad. Denn wenn ich über etwas nachzudenken habe, radle ich gerne zum Brötchenholen. Das dauert dann fünf Minuten oder eine Stunde. Je nachdem.

Die Strecke zum Bäcker, das ist mein ganz persönlicher Wellnessweg. Anregend für Körper, Seele und Geist. Und – im Gegensatz zu den zweifelhaften Gutscheinen – kostenlos.

Während ich in die Pedale trete, merke ich, wie sauer ich eigentlich bin auf meine lieben Freunde und Freundinnen in Summe und im Einzelnen. Offenbar, das steht doch fett gedruckt und unüberlesbar im Subtext zwischen all den vollmundigen, adjektivgeschmückten Versprechungen der Gutscheine, finden die mich nicht gut, so wie ich bin. Das macht mich jetzt fast schon wieder trotzig. Ich will so bleiben, wie ich bin – aber ich darf nicht.

Dabei finde ich mich perfekt … Also, zumindest okay, so wie ich bin: keine zwanzig mehr, bisweilen unter Stress dank abwechslungsreichem, aber anstrengendem Job und privater Verpflichtungen. Leichtes Übergewicht, eine Lesebrille und eine mäßige Neigung zu Genussgiften wie Tabak, Alkohol, Kaffee, Schokolade und allem, was lecker aussieht oder lecker gemacht ist. Dafür, finde ich, sehe ich doch noch ganz gut aus. Im Vergleich zu … Ja, im Vergleich zu was denn eigentlich? Im Vergleich zu dem, was das Leben an mir hätte anrichten können. Weil eine stabile Leber und gute Biomasse die Erosionsschäden begrenzen.

Im Vergleich zu Tscheer sehe ich natürlich gleich etwas weniger gut aus. Tscheer ist der Spitzname meiner Freundin, die für die Liste der Schlupfliderdoktoren verantwortlich ist. Wie Popdiva Cher, der sie ihren Spitznamen verdankt, hat sie nie einen Hehl daraus gemacht, dass sie der Natur nachhelfen ließ und es auch immer wieder tun wird. Aber auch Tscheer ist keine zwanzig mehr. Und selbst wenn sie wochenlang das Essen mit der Pipette abmisst, weil der Sommer kommt und die Bikinizone eröffnet wird: Das Ergebnis ist nicht mehr dasselbe wie früher.

»Sieh mal«, sagte sie neulich deprimiert. »Ich habe Lachfältchen am Bauch.«

Während ich so vor mich hin radle, grüße ich die Leute, denen ich schon häufiger begegnet bin: den strammen Jogger, die junge Mutter mit Kinderwagen und Hund, die moppelige Frau mit den nordischen Stöcken … Ob die sich über die Gutscheine freuen würden? Der Jogger sieht eher aus wie ein fleischgewordenes Argument, es mal mit Pilates zu versuchen. Die Mutter mit Hund und Kind hätte bestimmt nichts gegen das Kleopatra-Bad, vorausgesetzt, jemand passt auf Kind und Hund auf. Die moppelige Walkerin wäre Feuer und Flamme für den Ausflug in die Eifel, da wette ich drauf.

Aber ich würde mich nie mit diesen dreien in einen Topf werfen lassen! Obwohl ich, wenn ich ganz ehrlich zu mir selbst bin, ahne, dass mich *andere* durchaus mit der moppeligen Walkerin vergleichen würden. Dämlicherweise neigt man selbst aber dazu, sich genau mit denen zu vergleichen, mit denen man sich *nicht* messen sollte. Die moppelige Walkerin läge zugegebenermaßen nahe. Aber wer will schon mit einer übergewichtigen Frau verglichen werden, die an Stöcken geht?

Nein, ich suche mir da lieber andere Vorbilder! Beziehungsweise echte Gegner auf der nach oben offenen Messlatte der Eitelkeiten. Wenn man sich schon demütigt, dann richtig! So ist das eben mit der Selbst- und Fremdwahrnehmung: Wie man sich selber sieht und wie andere einen sehen, das ist nicht dasselbe. Sogar wenn wir in einen Spiegel blicken, sehen wir uns verkehrt.

Ich starre in das Schaufenster der Bäckerei und sehe – spiegelverkehrt – eine etwas übermüdete Frau in der Mitte des Lebens. Immerhin in einem modischen Sportoutfit. Sieht der Bäckerlehrling das Gleiche? Wahrscheinlich sieht der mich gar nicht. Denn ab einem gewissen Alter wird man unsichtbar – jedenfalls für bestimmte Zielgruppen. Da bleibt einem nur noch der eigene Blick. Und der fällt jetzt in die Auslage. Ich entscheide mich für zwei ofenfrische Brötchen und, zur Feier des Tages, für ein Buttercroissant. Weil ich bei »Schlank im Schlaf« gelernt habe, dass Kohlehydrate zum Frühstück in Ordnung sind.

Auf dem Rückweg nehme ich einen Umweg und meine Gedanken wieder auf.

In der Antike gab es noch Spiegel als omnipräsente Massenware. Und der narzisstische Blick auf eine spiegelnde Wasseroberfläche war sicher deutlich schmeichelhafter als der grell ausgeleuchtete Badezimmerspiegel von heute, der dem Begriff Morgengrauen einen neuen Sinn gibt.

Ob jemand schön war oder nicht, hing seinerzeit davon ab, was die anderen dazu sagten. Auch wenn sie es bestimmt nicht immer so meinten. Wir wissen nicht, wie schön die schöne Helena wirklich war. Vielleicht hatte sie schlechte Zähne, schütteres Haar oder raue Haut am Hintern … Doch die Antike war sich darin einig, dass Helena tierisch attraktiv war. Die schönste Frau der Welt. Das Ideal. Das Idol. Also, ich bezweifle ja, dass die schöne Helena naturbelassen heute noch eine Chance hätte, auf das Cover eines Hochglanzmagazins zu kommen. Jedenfalls nicht ohne ein zehnköpfiges Visagistenteam und jede Menge Weichzeichner über der Kameralinse.

Wir haben nämlich nicht nur grell beleuchtete Spiegel, sondern uns wird auch permanent vorgespiegelt, wie wir idealerweise aussehen könnten. Oder sollten. Von den Prospekten der Kosmetikbranche über die überirdischen Testimonials in Werbespots bis hin zu den Überfrauen in Frauenzeitschriften. Egal, an welche Altersgruppe sich diese Erzeugnisse richten, das Ergebnis ist immer karikaturhaft stilisierte Makellosigkeit.

Die Schauspielerin Joan Crawford soll das brutalste Ankleidezimmer in ganz Hollywood gehabt haben. Neonlicht überall und vor allem am Spiegel. Erst wenn sie in diesem Ambiente an sich selbst Gefallen fand, konnte sie zur Oscarverleihung. (Ich praktiziere das Gegenteil: In allen Zimmern sorge ich für schmeichelndes Licht. Vielleicht ist das der Fehler?) Doch wozu, verehrte Joan, der ganze Aufwand? Weil Paparazzi auch damals keine Gnade kannten. Bis heute sind sie die Einzigen, die nicht »nachbearbeiten«. Daher wissen wir auch, dass Angelina Jolie ohne Computerzauber nicht viel anders aussieht als die nette kolumbianische Haushaltshilfe aus der Nachbarschaft.

Da ich nicht damit rechnen muss, dass mir hinter der nächsten Hecke ein Fotograf auflauert, kann ich auch am Tag nach einer langen Partynacht ungeschminkt aus dem Haus gehen. Es hat eben alles seine Vor- und Nachteile.

Ich rücke meine Sonnenbrille, deren Dimension selbst Paris Hilton neidisch machen würde, zurecht und rolle vorbei an Litfaßsäulen und Werbeplakaten. Lauter »schöne Helenas«.

Die Helenas von heute werden in der Marketingabteilung entworfen und ihr Ruhm via Medien verbreitet. Es wird mit Slogans wie »ÜBER-NATÜRLICH SCHÖN« geworben. Kosmetikprodukte versprechen mir »aufpolsternde Pflege«, »biologisches Lifting«, »neue Dichte und Vitalität der Gesichtshaut«. Das Ganze immer verlockend präsentiert mit bildschönen, pardon, übernatürlich schönen Menschen. Und die sind natürlich unnatürlich. Denn mit der Wirklichkeit hat das nicht mehr viel zu tun. Hier war digitale Technik am Werk. Pixelchirurgie. Denn wir können heute jedes Bild am PC »aufhübschen«: Pickel für Pickel wird Pixel für Pixel wegretuschiert, der Busen vergrößert, die Augenfarben verändert. Wir können dafür sorgen, dass die Wangenknochen höher stehen und die Herzen höherschlagen lassen. Diese Entwicklung ist für Werbung und Medien besser als ein Lottogewinn. Die erste Botschaft lautet: »So schön kannst auch du aussehen, wenn du unser Produkt kaufst!« Und die zweite Botschaft dahinter: »Wenn du nicht so gut aussiehst, bist du selber schuld!«

Eine andere schöne Helena, und zwar die Superunternehmerin Helena Rubinstein, hat einmal gesagt: »Es gibt keine hässlichen Frauen, nur faule!« Habe ich mich also all die Jahre vernachlässigt? Bin ich zu faul, mich richtig zu pflegen? Haben mir meine Freundinnen mit der Gutscheininvasion genau das sagen wollen? Sind Tscheer und die anderen nicht allesamt Opfer dieser Schönheitsindustrie? Geblendete? Verführte? Unsere Spiegel sind nicht nur die im Badezimmer, wie auch immer sie beleuchtet sein mögen, sondern die Hochglanzprospekte, die Plakatwände und der Film, in dem alles möglich ist. Ist ja schon süß, wie Johnny Depp, Keira Knightley und Orlando Bloom in »Fluch der Karibik« aussehen … Ja, es ist ein Fluch, sich ständig mit diesen übermenschlich attraktiven Zerrspiegelbildern messen zu müssen. Und das Medium Fernsehen will da bestimmt nicht zurückstehen. Jetzt wird uns HD serviert. High Definition. Hochauflösend. Da ist jedes Bild so brillant, dass Sie sogar Pickel sehen, von deren Existenz Sie bisher noch nichts wussten. Ach, du schöne neue Bilderwelt! Und ich mittendrin. Natürlich bin ich nicht resistent gegen schöne Träume. Ich wache nur ungern wieder auf, um dann durch unter Schlupflidern begrabenen Augen einer grausamen Realität ins faltige Antlitz zu sehen.

Ich erinnere mich an Werbespots für Wimperntusche, die angeblich in nur wenigen Sekunden aus mageren Ästlein einen dichten schwarzen Wald zaubert. Pah. Aus der Praxis weiß ich, »Wald« über den Augen muss, wenn's gut aussehen soll, mühsam Wimper für Wimper aufgeklebt und eingefärbt werden. Trotzdem träume auch ich den verlockenden Werbespottraum und kaufe das Zeug – schon wegen der Schuldgefühle. Und weil die Hoffnung bekanntlich zuletzt stirbt.

Ich trete in die Pedale, weil ich gerade realisiere, dass ich kaum vorankomme … Trete ich tatsächlich auf der Stelle? Zwischen Vergangenheit und Zukunft, gefangen im Hier und Jetzt. Zwischen Jugend und Alter. Wie wichtig ist mir Attraktivität? Beruflich muss ich nicht schön sein, das gehört nicht zum Anforderungsprofil eines Komikers. Aber privat? Ganz privat möchte ich schon attraktiv sein. Und offensichtlich ist eben da eine Schwachstelle, denn warum sonst haben mich meine Geburtstagspräsente in derartige Selbstzweifel gestürzt? Da wehre ich mich vehement gegen alles, was mit der irrsinnigen Wellnessindustrie zu tun hat, schon von Berufs wegen. Und gleichzeitig raunt etwas tief in mir, dass ich mich dem nicht gänzlich verweigern kann, darf oder muss.

Plötzlich raunt da aber auch noch etwas anderes tief in mir »Durst«. Nachdurst kann es wohl kaum sein, schließlich erinnerte die Party gestern Abend eher an eine Betty-Ford-Klinik-Abschlussfeier. Aber ich habe mich ganz schön in die Pedale gelegt. Ha, über mein Aussehen können die von mir aus meckern, aber gegen meine Kondition kann man absolut nichts sagen! Einwandfrei. Zumindest, wenn der Flüssigkeitshaushalt stimmt.

Vor mir erscheint – gerade rechtzeitig – der kleine Kiosk, an dem ich normalerweise meine Cola erwerbe. Heute erscheint es mir jedoch ratsamer, ein stilles Mineralwasser zu trinken. Meine unfreiwillige Selbstbetrachtung zeigt also Wirkung: Wasser trinken, genauer gesagt, viel Wasser trinken soll ja nicht nur gesund sein, sondern schön machen beziehungsweise Schönheit erhalten. Das weiß ich von Iris Berben. Die Schauspielerin wurde zur Galionsfigur der Wasserbewegung, als sie öffentlich behauptete, ihr gutes Aussehen in Gesicht und Figur sei nur darauf zurückzuführen, dass sie täglich mindestens drei Liter eines französischen Tafelwassers zu sich nehme.

Die Biomasse von Frau Berben war bestimmt schon immer erstklassig. Und dass bei der Kampagne mit allen erlaubten Tricks nachgeholfen wurde, ist auch klar. Aber das Ziel ist erreicht: Weil es so gesund ist und attraktiv macht, trinken wir mehr Wasser denn je, möglichst von einer bestimmten Sorte. Welch erfolgreiche Bewusstseinsattacke – der Wasserbauch wird zum Schönheitsideal.

Mit der Flasche unter dem linken Arm radele ich lässig weiter und biege schwungvoll in den Stadtpark.

Französisches Tafelwasser ist heute übrigens in allen möglichen Lebenslagen dabei. So beschwerte sich unlängst ein Universitätsprofessor, die Studenten müssten wegen der vielen Wassertrinkerei häufiger austreten, wodurch eine Unruhe im Seminar aufkomme, die auf Kosten der allgemeinen Aufmerksamkeit gehe.

Alles hat eben seinen Preis: Die Wasser trinkenden Studenten sehen zwar gut aus, kriegen aber weniger mit und brauchen deshalb länger bis zum Abschluss. Vielleicht sollte man die Wasserindustrie dazu bewegen, sich mit einem Pinkel-Penny an den Studiengebühren zu beteiligen …

Während ich an meinem Wasserfläschchen nuckele, geht mir durch den Sinn, dass gesund und schön heute ein untrennbares Pärchen sind. Schön und gesund, das bedeutet Jugend. Wenn man es einfach so ist, ohne etwas dafür zu tun. Und ohne sich darüber Gedanken zu machen.

Ich überlege, was ich in meiner Jugend Gesundes getrunken habe? Morgens Kaba und ein Glas Leitungswasser. Mittags dünnen Saft, nachmittags dünnen Kaffee, abends Tee und noch ein Glas Leitungswasser. Selten Cola, niemals Kefir, Molke oder Trinkjoghurt. Keine Energy-Drinks, keine Light-Brause, keine Multivitaminsäfte. In meiner Jugend habe ich einfach getrunken, was da war, wenn ich Durst hatte. Zehn Jahre später trank ich dann viel Kölsch und Pils, und als wir es uns leisten konnten, gerne Wein und Cocktails. Auch ohne Durst und bestimmt nicht aus gesundheitlichen Erwägungen, sondern weil es Spaß machte und knallte.

Heute ist das anders. Heute mache ich mir immer häufiger Gedanken, ob etwas »gut« für mich ist. Ab einem bestimmten Alter muss man auf diese Dinge achten. Seinen Körper und seine Gesundheit pflegen. Von nichts kommt nichts, wie es so drohend heißt.

Jede Frau, die einen Funken Selbstkritik hat, weiß, dass sie als jugendliche Frau noch ein bisschen niedlicher war. Möglicherweise hat sie in ihren Dreißigern, Vierzigern oder sogar Sechzigern dank ihrer gereiften Stilsicherheit in Mode- und Lebensfragen an Charisma gewonnen. Doch auch wenn erlesene Weine mit den Jahren besser werden – die Flasche verstaubt, wenn man sie nicht regelmäßig herausputzt. Figürlich jung zu bleiben ist mit zunehmendem Alter harte Arbeit. Wobei man es mit dieser »Jugendarbeit« auch zu weit treiben kann. Wie Madonna, Queen of Pop und Queen of reife Sexbombe, beweist. Beziehungsweise Guy Ritchie. Der soll mal aus dem Nähkästchen oder besser: dem Bettkästchen geplaudert haben, Sex mit Madonna sei, »wie mit einem Knorpel ins Bett zu gehen«.

Dass man es auch übertreiben kann mit der Überwindung des inneren Schweinehundes, ist ein beruhigendes Gefühl. Und Grund genug für mich, jetzt den Heimweg anzutreten. Auch der stramme Jogger ist auf dem Rückweg. Er zieht an mir vorbei, ohne mich eines Blickes zu würdigen.

Ich blicke der Wahrheit ins Auge: »Attraktiv« heißt nichts anderes als »sexy« und somit anziehend für das andere (und gelegentlich für das eigene) Geschlecht. Geschlechtliche Attraktivität hat, wenn man den Biologen folgen darf, primär Fortpflanzung im Sinn. Nicht, dass man sich unbedingt fortpflanzen möchte, aber man könnte es. Es geht allein um die Möglichkeit, nicht um die Tat. Und damit wären wir bei der Achillesferse der Frau: dem Ende ihrer geschlechtlichen Reproduktionsfähigkeit. Im Volksmund bekannt als die immer lauter tickende biologische Uhr. So etwas wie die Wechseljahre sei eine Folge der Zivilisation, sagen die Biologen. Ginge es nach der Evolution, so hätte man als Frau schon vorher tot zu sein. Im Tierreich sterben die Weibchen, wenn sie diese Lebensphase erreicht haben. Erfreulicherweise fallen aber nicht alle Frauen über 45 auf der Stelle tot um, nur weil die Evolution keine Verwendung mehr für sie hat.

Wir Frauen müssen mit diesem neuen Lebensabschnitt fertig werden – und die Evolution auch.

Bedauerlicherweise sind die Männer evolutionstechnisch noch ein bisschen zurück und reagieren auf »jung, schön und gesund« wie der Hund auf die Wurst. Und mit diesem Köder fängt uns die Kosmetikindustrie: Wir müssen möglichst lange jugendlich wirken. Wirken! Nicht sein. Jugendlich zu sein ist einfacher. Da nimmt einem die Natur die Arbeit ab: Jung ist man von selbst. Nein, es geht um die Wirkung! Dafür legen wir uns krumm. Kaufen Cremes, Salben und kosmetische Anwendungen. Ja, auch ich. Ich lege mich nur (noch?) nicht unters Messer wie Tscheer oder lasse mir dubiose Substanzen ins Gesicht spritzen. (Was Konsul

Weyer für Herrn Meyer, ist Kollagen für seine Frau.) Sisyphosgleich laufen wir einem Ideal hinterher, das von Tag zu Tag unerreichbarer wird. Warum geben wir uns denn nicht einfach mit dem zufrieden, was wir haben und was wir erreichen können? Ausreichend Schlaf, frische Luft, eine vernünftige Hautpflege, gesunde Ernährung und gesundheitsbewusster Umgang mit Genussgiften. Die Haut wird es danken. Ich werde niemals aussehen wie ein digital geschöntes Topmodel, also sollte ich diesem Ideal auch nicht hinterherlaufen. Das ist pure Energieverschwendung. Die spare ich mir lieber für wichtigere Dinge auf.

Am liebsten würde ich noch mal zurückradeln, um den Jogger ebenfalls keines Blickes zu würdigen! Wut macht sich breit. Wut auf die Gesellschaft, die Industrie, die Werbung, auf meine Freundinnen. Auf die Männer. Nein, ich will nicht in diesen aussichtslosen Wettbewerb treten! Ich will nicht (mehr) als Sklavin der Kosmetikindustrie leben! Schließlich kann ich cremen und salben, so viel ich will – die Bilder von mir, denen ich begegne, sehen immer, na, sagen wir mal subjektiv unzulänglich aus! Weil ich auf die üblen Tricks reinfalle, auf die falschen Spiegel, auf die digital getunten Tussis. Das Vergleichen macht die Frauen schwach.

Nehmen wir uns jetzt einfach mal ein Beispiel am Mann: Kein Mann käme auf die Idee, seinen Golf mit einem Ferrari zu vergleichen. Er findet einen Ferrari zwar toll, beneidenswert und bewundert die Typen, die einen haben, will aber nicht unbedingt selber einen besitzen. Allein der unverschämt hohe Spritverbrauch, die mangelnde Alltagstauglichkeit, der zu klein geratene Kofferraum. Im Vergleich dazu findet er seinen Golf ganz prima.

Ich hätte da übrigens eine noch anschaulichere Geschichte: Vor einigen Jahren gab ich eine Party, auf der viele sehr schöne Frauen herumtanzten. Während ich mich um die Getränke kümmerte, hörte ich, wie ein männlicher Gast zu seinem Kumpel sagte:

»Komm lass uns gehen, die Frauen hier kann ich mir alle nicht leisten.«

Was Frauen in diesem Punkt vom Manne lernen können? Vergleiche dich in deiner Leistungsklasse. Warum reicht es nicht, mit

WIE MAN SICH ATTRAKTIV FÜHLT

Tscheer: Für Attraktivität kann man eine Menge tun. Das Wichtige ist, dass man es tut und nicht eine Million Ausreden erfindet, warum man sich nicht die Nägel poliert, nicht die Augenbrauen zupft, nicht den Haaransatz färbt, nicht auf die richtige Kombination von Schuhen, Handtasche, Oberbekleidung und Anlass achtet. Wenn man nicht auf solche Details achtet, muss man sich auch nicht wundern, wenn man sich nicht attraktiv fühlt.

Plopp: Mein bester Tipp, um sich attraktiv zu fühlen: einfach mal zeitig ins Bett. Schlaf ist ein erstklassiges Schönheitsmittel – und wenn man morgens entspannt aufwacht und nicht den ganzen Tag zur »Entfaltung« braucht, dann fühlt man sich auch gleich attraktiv.

Watte: Gute Laune macht attraktiv. Sie dringt durch die Poren von innen nach außen. Man erreicht gute Laune unter anderem dadurch, dass man viele Dinge nicht zur Kenntnis nimmt oder zumindest nichts dazu sagt.

vierzig so auszusehen, wie man mit vierzig aussehen kann? Warum wollen wir wie 27 wirken? Jeder sollte möglichst gut (mit)spielen – in seiner Liga. Ein Kreisklassespieler der Alt-Herren-Fußballmannschaft träumt auch nicht von der Champions League. Wenn Katie Holmes den Marathon in fünfeinhalb Stunden läuft, herzlichen Glückwunsch! Ich will zufrieden sein, wenn ich es in den fünften Stock ohne Herzrasen schaffe. Und das schaffe ich locker!

So, da habe ich aber sehr schön gesprochen, zu mir, in mein Gewissen, auf meinem Fahrrad, mit der Wasserflasche in der Hand … Von mir selber begeistert, trete ich beschwingt in die Pedale. Soeben habe ich einen wichtigen Meilenstein erreicht. Zumindest theoretisch. *Vergleiche dich in deiner Leistungsklasse –* so soll von nun an meine Parole lauten!

Ich frage mich nur kurz, um wie viel leichter das gesagt als getan ist, denn es beginnt zu regnen. Bestimmt findet ein gewiefter Marketingexperte auch für »Radfahren im Regen« einen euphemistischen Wellnessbegriff. Wie wär's zum Beispiel mit »Himmlische Feuchtanwendung«? Ich hingegen bezeichne das als sicheren Weg, sich einen teuflischen Schnupfen zu holen.

Der Kampf zwischen Schweinchen Schlau und dem inneren Schweinehund

N a, da bin ich aber mal gespannt«, sage ich halblaut zu mir selbst. Ich ziehe die Wellnesssocken von Tchibo an, die ich eben erst in meiner Wellnesswundertüte entdeckt habe. Fühlen sich nicht anders an als die gemeinen Feld-, Wald- und Wiesen-Socken aus dem Supermarkt-Zehnerpack. Was soll das eigentlich sein, eine Wellnesssocke? Wellness hier. Wellness da … Dieser Begriff ist wirklich in aller Munde, aber weiß irgendwer, was sich dahinter verbirgt? Wenn ich so darüber nachdenke, ist Wellness eine ebenso leere Worthülse wie seinerzeit »ASU«. Vor Jahren (oder Jahrzehnten?) fragte ich in meiner Autowerkstatt nach, was die sogenannte ASU eigentlich genau sei. Der Lehrling hub an und sagte brav:

»Das ist die Abgassonderuntersuchung.«

»Quatsch«, sagte der Meister, der danebenstand, »ASU ist eine absolut sinnlose Untersuchung.«

Wobei natürlich beide recht hatten. Das aufkeimende gesellschaftliche Bewusstsein in Sachen Umweltverschmutzung erforderte politisches Handeln, also gab es die Untersuchung. Eigentlich bedeutete es aber nur, dass die Fahrzeuge so eingestellt wurden, dass sie für den Moment der Messung die Werte erfüllten. Danach fuhren die Autos weiter wie vorher. Der Kunde bezahlte, die Werk-

statt verdiente, die Politik hatte gehandelt, alle fühlten sich gut …
»Wellness für Anfänger« sozusagen.

Neugierig schmeiße ich den Laptop an und tippe »Wellness« in die Suchmaske. Die ersten Einträge bringen mich nicht weiter – allesamt Werbung für Wellnesshotels. Nach ein paar Minuten des emsigen Googelns weiß ich immerhin, dass das Wort Wellness in unserem deutschen Vokabular ziemlich neu ist. Den genauen Eroberungstag kann ich allerdings nicht entdecken. Stattdessen entdecke ich Tscheer auf meinem Computerbildschirm – beim Skypen. Die Möglichkeiten für Bildtelefonie gibt es schon lange, aber es hieß immer, sie setze sich nicht durch, weil die Menschen beim Telefonieren auch mal nackt sein wollen. Ich bin mir aber ziemlich sicher, dass Tscheer nicht nackt vor dem PC sitzt, denn es ist Februar – und Haut zeigt sie erst ab Ostern.

Doch nicht nur Tscheer sitzt am Computer, sondern auch Plopp. Die hat sich allerdings als »beschäftigt« gemeldet. Also skype ich Tscheer an und frage zunächst einmal nach dem Befinden, denn wenn man schon ohne Vorwarnung digital zu jemandem ins Wohnzimmer rauscht, kann man ruhig ein wenig Zeit in Artigkeiten investieren, oder? Denkste. Tscheer ist ungewöhnlich kurz angebunden und offenbar mit etwas anderem beschäftigt, auch wenn sie das im Gegensatz zu Plopp nicht bei Skype vermeldet. Als sich ihr Webcam-Fenster öffnet, sehe ich aber, was ihre ganze Aufmerksamkeit beansprucht, und statt nackter Haut trägt sie die neueste Fitnessmode. Oder Wellnessmode, bei dem kleinen Bild kann ich das als Laie schwer auseinanderhalten. Jedenfalls sieht sie in den Klamotten aus wie ein Hollywoodstar beim Einkaufen.

»Ist das Fitness- oder Wellnessmode?«, frage ich.

»Nein, Qigong!«

»Gymnastik?«

»So ähnlich.«

Ich beobachte Tscheer dabei, wie sie entweder die Körperübungen macht, die den »Fünf Tibetern« ähneln, oder irgendetwas aus den letzten Seiten des Kamasutra. In beiden Fällen sieht es ohne Partner ziemlich albern aus.

Während ich Teile von Tscheer bei Übungen betrachte (denn gelegentlich gerät sie aus dem Bild), sitze ich behaglich vor meinem kabelfreien Hightechspielzeug. Der lockere Umgang mit dem Internet und seinen diversen Anwendungen ist schon eine bemerkenswerte Sache, die viel über das Selbstverständnis des modernen Menschen aussagt. Im 20. Jahrhundert hatte man, geprägt durch die schrecklichen Erfahrungen des Nationalsozialismus und anderer totalitärer Regime, die Überwachung, die Überwacher und den überwachenden Staat als gemeinsamen Feind aller fortschrittlichen Kräfte erkannt. Entsprechend groß war der Aufstand gegen Notstandsgesetze, Radikalenerlass und verschiedene Maßnahmen zur Terrorismusbekämpfung in den Siebziger- und Achtzigerjahren. Übrigens nicht nur unter »Linken«, sondern auch unter besorgten Demokraten (wie den Nonnen an meiner Schule), unter ehemaligen Verfolgten des Naziregimes und unter DDR-Gegnern. Die Macht und die Methoden der Stasi wurden ja nicht erst nach dem Fall der Mauer bekannt. Spätestens mit dem Sturz Willi Brandts durch den DDR-Spion Guillaume wusste man, wie der Stasi-Hase läuft. Das Abhören und Ausspionieren von »Kommunikationsmedien« – in dieser scheinbar weit zurückliegenden Zeit also Brief und Telefon – wurde allgemein als verwerflich angesehen und enorm kritisch verfolgt. Der berühmteste Roman zum Thema war George Orwells »1984«. Orwell wurde, wie sich später herausstellte, vom britischen Geheimdienst beobachtet …

Die abschätzige Einschätzung des Beobachtens der Aktivitäten anderer änderte sich grundlegend mit dem Aufkommen eines Paralleluniversums: Seit es das Internet gibt, beobachten wir unbefangen, wer sich in unseren Chaträumen herumtreibt, offenbaren uns auf verschiedenen Plattformen, Foren und Verzeichnissen, betreiben private und professionelle Webseiten. Unsere Wohnung finden wir bei Google Earth oder bei Wohnungsscout XY. Wir loggen uns locker hier und da ein, hinterlassen Kontonummern, Adressen, Verbrauchergewohnheiten … Selbst die Gnade des alkoholinduzierten Filmrisses wird vom Internet zunichtegemacht: Die Erinnerungen an unsere peinlichsten Momente auf dem letzten Betriebsfest hat ein Kollege längst für alle Ewigkeit auf Facebook, Flickr & Co. konserviert; sichtbar für jedermann, vom eigenen Chef bis zum weltweiten Web-User am anderen Ende des globalen Dorfes. Von Privatsphäre kann da keine Rede mehr sein, von Intimität erst recht nicht. Aber es macht uns nichts aus. Kein böser Staat sammelt alle diese Daten, sondern Firmen. Und die wollen ja nicht unsere Freiheit, sondern nur unser Geld. Das sind wir gewohnt, damit kommen wir klar. Wir fühlen uns wohl dabei. Das klingt ja schon wieder nach Wellness …

Und wie aufs Stichwort will die sich verrenkende Tscheer »nur mal kurz« wissen, um was es eigentlich geht. Tscheer will immer wissen, um was es geht, und daher weiß sie viel. Bevor es Wikipedia gab, haben wir immer Tscheer gefragt.

»Ich versuche gerade rauszufinden, wann es mit Wellness losgegangen ist«, kläre ich sie auf.

»Dddann«, sagt sie mit einer sagenhaft bescheuerten Betonung.

»Wann?«, frage ich verwirrt.

»D – U – N – N«, sagt sie. »Englisch ausgesprochen ›Dann‹.«

»?«

»Halbert L. Dunn, um genau zu sein. War ein berühmter amerikanischer Arzt und Gesundheitsapostel im Staatsdienst.«

»Und wann dann/Dunn?«

»Ende der Fünfziger.«

Tatsächlich finde ich ohne Mühe Dr. Dunn im Internet samt

einem Aufsatz mit dem schönen Titel: »High-Level Wellness for Man and Society« von 1959. Wobei »man« nicht »Mann« bedeutet, sondern »Mensch«, und wir jetzt einmal alle feministischen Betrachtungen außer Acht lassen, weil es hier nicht um die Feinheiten der englischen Sprache geht, sondern um Wellness.

Die Artikelüberschrift fordert: »Hochgradiges Wohlbefinden für Mensch und Gesellschaft«. Bei mir stellen sich sofort die Ohren auf. Denn Forderungen in Überschriften beinhalten in der Regel die Abwesenheit des Geforderten. Wenn es also um »Hochgradiges Wohlbefinden« geht, scheint genau das zu fehlen. Und – zack – im ersten Absatz steht sogleich die heute bekannte Definition der Weltgesundheitsorganisation (WHO). Ich übersetze: »Gesundheit ist ein Zustand ganzheitlichen physischen, geistigen und sozialen Wohlbefindens und nicht nur die Abwesenheit von Leiden und Krankheit.«

Hatten wir das nicht damals in der Schule? In Geschichte? In Erdkunde? In Biologie? Ich weiß es nicht mehr. Mir dämmert, es ging damals um »Neger« (das durfte man seinerzeit noch sagen, denn es war nicht abwertend gemeint, sondern ein Ausdruck des Mitleids, was aber vielleicht nicht weniger diskriminierend ist), um Farbige also, die in Goldminen arbeiteten (doch Erdkunde?), die zwar mit allem versorgt wurden, aber wegen der harten Arbeit früh starben. Seit ich einmal eine Edelsteinmine in Südamerika besichtigt habe, weiß ich, dass jedwede romantische Vorstellung völlig daneben ist. Minenarbeit ist gefährlich und geht an die Substanz. Die Angst ist immer dabei. Und Angst ist der absolute Killer jeden Wohlgefühls. Vielleicht war das damals im Erdkundeunterricht die Aussage, die mich bewegte: Ein gesundes Leben ist ein Leben ohne Angst. Für mich war die Erkenntnis, dass Gesundheit mehr ist als die Abwesenheit von Krankheit, revolutionär. Heute ist diese Erkenntnis Allgemeingut in der westlichen Welt, und wir sind stolz darauf. Dafür haben die Gewerkschaften gekämpft. Dafür haben wir soziale Systeme aufgebaut. Darauf haben wir alle einen Anspruch. Das ist Zivilisation.

In den nächsten Absätzen fasst Dr. Dunn einige Fakten seiner Zeit zusammen, die auch uns bekannt vorkommen:

– Die Welt wird kommunikationstechnisch kleiner.
 (Dabei hatten die vor fünfzig Jahren nur Unterseekabel und Telefon, nicht einmal Satelliten, geschweige denn Internet. Deswegen kann man keinem Weltereignis entgehen. Der Sack Reis, der seinerzeit in China umfiel, wurde ja nur deshalb weltberühmt, weil moderne Kommunikationsmittel darüber kommunizierten.)

– Die Welt tendiert zur Überbevölkerung.
 (Dabei lag die Weltbevölkerung 1959 bei unter drei Milliarden, heute liegt sie bei über sechs Milliarden – das heißt, es wird eng. Das ist heute schon ein Problem, und ein Ende ist nicht abzusehen.)

– Die Welt wird älter.
 (Hinsichtlich ihrer Menschen, ihrer Produktivität und ihrer Ressourcen. Überraschend modern dieser Gedanke. Dr. Dunn und seine visionären Mitstreiter überlegen, ob die aktuellen wissenschaftlichen Erkenntnisse ausreichen werden, um die schwindenden globalen Ressourcen in Verbindung mit einer älter werdenden Bevölkerung auszugleichen. Gedankengut, das jeder Erzieherin geläufig ist, aber an den »President Bushs« dieser Welt vorbeiglitt. Als zeitgemäße Forderung ausgedrückt: Fürsorge für andere bedeutet Fürsorge für uns selber. Deshalb retten wir Regenwälder, drehen das Wasser beim Zähneputzen ab und trennen Müll.)

— Es ist eine Welt wachsender Spannungen.

(Dr. Dunn benennt das Missverhältnis zwischen dem modernen Leben und dem seelischen Zustand der Menschen und ihrer sozialen Bezüge. Tja, und dass es dieses Missverhältnis bis heute gibt, ist unübersehbar: verwahrloste Kinder, orientierungslose Eltern, überforderte Lehrer, hilflose Beamte, gierige Banker und Unternehmen, unverständliche Versicherungsbedingungen, eine schwächliche Politik, die Abwesenheit begründeter Autorität.)

Dafür, dass Dr. Dunn Arzt war, folgt wenig Medizinisches. Er konstatiert chronische Krankheiten, richtet aber sein Augenmerk auf »mental illness«, auf die zunehmenden Neurosen, die das Leben zwar nicht unmöglich machen, es aber erschweren. Vom Schlankheits- bis zum Schönheitswahn, von der manischen Hypochondrie bis zum gestörten Hypothalamus.

Und endet mit Appellen, was man alles untersuchen und tun müsse, um High-Level-Wellness von Kindesbeinen an zu ermöglichen.

Psychoanalyse war zu Dunns Zeit schwer in Mode, in jedem Doris-Day-Film gab es einen neurotischen Patienten und einen irren Therapeuten. Unterhaltung ist eben nie etwas anderes als eine mehr oder weniger substanzielle Parodie der herrschenden Verhältnisse. Deshalb ärgere ich mich heute oft, wenn in jedem zweiten Tatort der Psychologe der Blödmann vom Dienst ist. Ich persönlich rechne zu meinen mutigsten und besten persönlichen Entscheidungen eine Psychotherapie. Oder glauben Sie, es sei lustig, wenn man erkennt, dass man ein bisschen anders ist als die anderen? Wenn man ein Talent hat, das einem einerseits Freunde und Anhänger beschert und einen andererseits aus der »normalen Welt« herauskatapultiert? Man aber dennoch ein »normales« Leben führen möchte, mit Familie und Freunden und Grillpartys, so wie andere auch? Das geht, aber so ganz einfach ist es nicht. Man muss etwas dafür tun. Neulich begegnete mir in der Stadt einer meiner Lehrer von früher und begrüßte mich mit den Worten:

»Ach ja, Sie sind die, die so auf lustig macht. Machten Sie ja schon immer.«

»Und du bist dieselbe alte Spaßbremse wie früher«, dachte ich, sagte aber:

»Schön, dass Sie sich an mich erinnern. Wie geht es Ihnen?«

Vorbildlich, nicht wahr? Hätte ich ohne Psychotherapie nicht geschafft. Und das Dolle ist, es ist mir nicht einmal schwergefallen.

Tscheer reißt mich aus meinen Gedanken.

»Wie weit bist du?«, skypt sie mich an.

»Mental illness«, antworte ich. »Hirnschaden. Ratsch im Kappes als gesellschaftliches Problem der zivilisierten Welt. Chronische Krankheiten als Ausdruck des Mangels an Weisheit, gesundem Menschenverstand und seelischer Grundordnung.«

Plötzlich sind wir zu dritt, denn Plopp hat sich eingeschaltet.

»Über was für *ungewöhnliche* Themen redet ihr denn heute?«

»Dr. Dunn«, sage ich lakonisch.

»Neuer Kollege, Tscheer?«, fragt Plopp, was von Tscheer und mir mit einem albernen Smiley-, ROFL-, LOL- und LMAO-Feuerwerk quittiert wird.

Da Plopp beleidigt spielt, kläre ich sie auf. Sowohl über die internetten Kommunikationsabkürzungen [ROFL = Rolling On The Floor Laughing, LOL = Laughing Out Loudly, LMAO = Laughing My Ass Off] als auch über unser Gesprächsthema.

»Ich hab hier noch ein nettes Zitat von Dr. Dunn gefunden: ›No person can be well physically if he is sick spiritually.‹ Seh ich auch so: Wenn jemand krank im Kopf ist, ist er nicht gesund.«

»Ich würde eher sagen: Wenn jemand gesund ist, kann er nicht krank sein«, meint Plopp.

»Wenn jemand gut aussieht, ist er gesund«, findet Tscheer.

Ich finde, wir sollten uns lieber wieder den Originalschriften des Onkel Doktor zuwenden.

»Ich vermisse grundsätzlich Medizinisches«, verlautbare ich.

»Kommt später«, schreibt Tscheer zurück. »Siebzigerjahre. Travis, Ardell und Hettler.«

Keine Ahnung, woher Tscheer so etwas weiß. Aber ihre herausragende Fähigkeit ist es, aus dem, was sie passiv weiß, nur das für ihr bewusstes Denken zu benutzen, was wichtig ist für ihre Figur, ihre Familie, ihre Freunde. In dieser Reihenfolge. War es nicht Einstein, der gesagt haben soll, dass wir nur zehn Prozent unseres Gehirns nutzen? Im Fall von Tscheer hat er definitiv recht.

Mit den Namen Travis, Ardell und Hettler werde ich schnell fündig im Netz. Die drei US-amerikanischen Wissenschaftler wollten über Prävention und Eigenverantwortung der Menschen in Bezug auf ihr Wohlergehen die Kosten im Gesundheitswesen senken. Sie beriefen sich dabei auf Dunns Konzept, das auch in Kliniken nach und nach Einzug hielt. Bewusste Ernährung, Bewegung, Entspannung sowie Stressmanagement und Sensibilität der eigenen Umwelt gegenüber wurden zu den tragenden Säulen. Dabei lag das Augenmerk auf der Förderung eines Verhaltens, das der individuellen Konstitution und den persönlichen Ressourcen entspricht.

»Ich vermisse Übergewicht, Herz-Kreislauf-Erkrankungen und Diabetes«, skype ich.

»Wieso?«, fragt Tscheer zurück. »Steht doch da: Die Kosten im Gesundheitswesen senken. Woher kommen denn die Kosten? Ursachenforschung ist doch dein Gebiet ☺.«

Stimmt natürlich … Übergewicht, Herz-Kreislauf-Erkrankungen, Diabetes und Rauchen sind eine voneinander abhängige Familie und das Ergebnis eines Teufelskreises aus Bequemlichkeit, Bewegungsmangel, negativem Stress und falscher beziehungsweise hochkalorischer Ernährung. In der Summe bekommen es das Gesundheitsministerium und damit der Staatshaushalt zu spüren. Deshalb wird der Staat tätig. Vertrautes Thema, was?

»Na, das ist nun wirklich interessant …«

Im weltweiten Informations- und Desinformationsnetz habe ich gerade etwas Verblüffendes entdeckt.

»Was denn?«, fragt Tscheer.

»Es dauerte von 1960 bis 1990, also dreißig Jahre, bis das Thema Wellness bei uns ankam. Warum bloß hatten die Amis so viele Jahre Vorlauf?«

»Weil in den USA schon immer alles etwas … größer war«, vermutet Tscheer.

»Wegen der Autos«, schaltet sich Plopp ein. »Die sind direkt vom Pferd ins Auto – und seitdem kommen sie da nicht mehr raus.«

»Also bewegungsträge durch zivilisatorischen Komfort«, fasse ich zusammen.

Ich google weiter. Tatsächlich liegt das gesundheitliche Hauptproblem in zivilisierten Ländern in dem Zusammenspiel von zu reichlicher Ernährung und zu wenig Bewegung.

»Typisches Problem der Frittenländer«, wirft Tscheer ein.

»Frittenländer! Das trifft's.« Plopp ist in ihrem Element. »Amerika, Westeuropa. Panade, Pommes frites, Fast Food. Bequemlichkeit!!!«

Das ist ihr bösestes Schimpfwort. Bequem kann sie nicht ausstehen. Ich bin bequem. Wer weiß, warum sie es seit Jahrzehnten mit mir aushält. Muss wohl Liebe sein. Oder Gewohnheit. Ich bemühe die Historie:

»Wir hatten den Krieg verloren und trugen einen Wohlstandsbauch. Also Bauch aus gutem Grund. Trotzdem: Die Zusammenhänge sind doch seit Langem klar … Übergewicht gleich Herz-Kreislauf-Erkrankungen, Infarkt, Schlaganfall, Diabetes – als Folge von immer mehr Mechanik, Elektronik und Arbeitsteilung, elektrischen Waschmaschinen und Autos. Aber die Deutschen hatten einen Wellnessjetlag von dreißig Jahren.«

»Na ja, immerhin gab's bei uns die Trimm-dich-Bewegung«, erinnert sich Tscheer. »Puls 130 und Dauerlauf«

»Haben sich dann aber als veraltet und ungesund herausgestellt, diese Trimm-dich-Übungen«, gebe ich zu bedenken. »Was gesund ist und was nicht, ist eben nicht zeitlos, sondern Zeitgeist. Eine Frage der Mode. Irrtümer nicht ausgeschlossen.«

»Wie diese Leggings und dazu die badeanzugähnlichen Ritzenputzer in Neonfarben«, ereifert sich Tscheer.

»Mensch, Tscheer, ich rede nicht von Modesünden, sondern vom Gesundheitsholzweg!«

»Der Trimm-dich-Pfad als Irrweg?«

»Zum Beispiel. Ich will damit nur sagen: Was gesund ist oder nicht, ist nicht immer nur eine Wissens- oder Gewissensfrage, sondern oft eine Glaubensfrage. Nicht umsonst trennen Illness und Wellness nur wenige Buchstaben.«

»So, so«, lautet Plopps Kommentar, die für solche Wortspiele wenig übrighat.

»Wenn du der Jugend von heute mit so was wie Trimm-dich kämst, würdest du jedenfalls nur einen Stinkefinger ernten«, glaubt Tscheer.

Bekanntermaßen werden in Deutschland immer weniger Kinder geboren. Aber die wenigen, die wir haben, sind oft zu dick. In der Masse kommt es also auf dasselbe heraus, wenn auch nicht unbedingt im Ergebnis.

Dicke Kinder sind nicht zwangsläufig blöd (siehe auch mein »kaloristisches Manifest«, Seite 161). Die meisten sind sogar sehr medienkompetent. Mit Internet, Playstation und DVD kennen die sich super aus. Kommen aber nicht mehr über den Zaun. Kämen auch nie auf die Idee, einen Apfel zu klauen, denn den letzten Apfel haben sie als 3-D-Animation in »Schneewittchen und die sieben Killerzwerge« gesehen. Nun aber hat die Europäische Union in Brüssel herausgefunden, warum unsere Kinder alle zu dick sind. Weil die das Kleingedruckte auf den Schokoladentafeln übersehen. Wo steht, dass Schokolade total gefährlich ist, weil es Brennwerte und Fett enthält. Deshalb hat die Europäische Union beschlossen, dass die Aufschriften größer sein müssen. Damit man sie auch ohne Brille lesen kann.

»Dann überlegen wir doch mal, wie groß die Tafeln sein müssen, damit diese riesigen Informationen draufpassen. Und ob das etwas am Schokoladenkonsum ändert«, schlage ich vor.

Tscheer lacht.

»Was ist denn daran lustig?«, will Plopp wissen.

»Die Bevormundung durch einen Staat, der glaubt, die Menschen durch Aufschriften auf Lebensmitteln zu einem vernünftigen Essverhalten zu führen«, antworte ich.

Tscheer hält sich zurück, denn ihr ist bekannt, dass ich mit so etwas bei Plopp an der falschen Adresse bin. Denn falls es in unserem Trio ein staatstragendes Element gibt, dann ist es Plopp.

»Ich spüre bei euch beiden wieder diesen sinnlichen Unernst«, die engagierte Mutter ist offenbar genervt. »Ihr verkneift euch das Lächeln nur aus Höflichkeit [das stimmt] – aber ohne Regeln geht es nun einmal nicht! Lissy ist sweet 16 … Ihr wisst, was das bedeutet!«

Oh ja, das tun wir! Es bedeutet, dass ihre zweite Tochter zurzeit so ist wie Plopp mit 16. Viereckig, süß und angetrieben von einer unstillbaren Lust auf alles, was mit Zucker hergestellt werden kann.

»Reg dich doch bitte nicht so auf«, versucht Tscheer begütigend einzuwirken. »Bei dir hat es doch auch auf einmal ›Plopp‹ gemacht, und du wurdest lang und dünn.«

»Aber ich habe mich auch immer bewegt«, empört sich Plopp. »Lissy geht keinen Meter zu Fuß. Jedenfalls nicht freiwillig.«

Plopp fuhr die 14 Kilometer zur Schule und zurück damals tatsächlich mit dem Rad. Jeden Tag. Dann radelte sie nachmittags noch mal schnell zum Sport, gewann eine Medaille und radelte wieder nach Hause. Plopp hat, das muss man sagen, einen enorm hohen Aktivitäts- und Effektivitätsgrad, an dem auch der Lauf der Jahre nichts geändert hat.

»Das wird schon noch kommen«, tröstet Tscheer. »Ich setze bei deiner Tochter auf die Gene.«

Vielleicht hat Tscheer recht, vielleicht aber auch nicht. Ich jedenfalls empfinde ein gewisses persönliches Mitgefühl für das kleine, dicke, bequeme Mädchen in dieser Familie, die ansonsten aus langen, dünnen, effektiven Eltern und ihren drei dünnen, strebsamen Geschwistern besteht. Außerdem kenne ich einige Dinge, die ihre Mutti nicht weiß: zum Beispiel, dass Lissy aus Mangel an pekuniären Mitteln mehrere Kilometer zu einem Grandhotel auf der anderen Rheinseite gewandert ist, weil dort ein Popstar untergebracht war, von dem sie ein Autogramm wollte – was sie auch bekam. Dort traf ich sie zufällig, weil ich am selben Ort etwas zu tun hatte. Und ich war es, die dafür sorgte, dass sie mit einem Taxi nach Hause fuhr. Bewegung hin, Fitness her: Kein 16-jähriges Mädchen sollte nachts allein durch die mieseste Ecke einer Großstadt laufen. Aus meiner Sicht verhält sich Lissy absolut vernünftig. Wenn sie etwas erreichen will, bewegt sie sich. Und wenn es nicht nötig ist, lässt sie es. Ich habe dafür Verständnis.

»Gegen Regeln sage ich ja gar nichts«, wende ich ein. »Regeln sind sehr sinnvoll. Wenn es keine Regeln gäbe, könnte man ja keine Ausnahmen machen.«

»Spar dir deine Witze!«, schimpft Plopp. »Es geht um Selbstver-antwortung. Sie muss lernen, was von was kommt und was welche Folgen hat.«

»Travis, Ardell und Hettler«, ergänzt Tscheer.

»Was?« Plopp kann nicht folgen.

»Diese Gründungsväter der Wellnessbewegung legen einen Schwerpunkt auf Prävention – und die funktioniert nur mit Eigen-verantwortlichkeit.«

»Genau meine Meinung«, bekundet Plopp. »Um eigenverant-wortlich zu sein, muss man aber auch entsprechende Kenntnisse haben. Zum Beispiel über Inhaltsstoffe und Nebenwirkungen von Schokolade …«

»Natürlich«, sage ich, »man muss alle wichtigen Informatio-nen immer überall draufschreiben. Steht ja auch an jeder Wiese: ›Betreten des Rasens verboten‹. Ist unglaublich effektiv. Dem-nächst müssen sich Männer auf den Penis tätowieren lassen: ›Vor-sicht, dieser Gegenstand kann seine Größe verändern!‹«

Bevor sich Plopp erneut empören kann, ist Tscheer zur Stelle.

»Wissen allein nützt gar nichts«, vermeldet sie. Ausgerechnet sie. »Denn Wissen ist eine Information, die nur von Interesse ist, wenn man sie in einen größeren Zusammenhang einordnen kann und will! Watte weiß zum Beispiel seit Jahren, dass es bei ihrer Wasch-maschine zwei Fächer gibt. In eins gehört das Waschmittel. Wofür das zweite ist, bleibt ihr ein Mysterium, weil es sie nicht interessiert.«

»Stimmt«, gebe ich zu.

Meine Freundinnen kichern.

Ich wasche wirklich so selten wie möglich selber. Und wenn, dann auf B30. Da läuft nichts ein, da verfärbt nichts. Der Rest geht in die Reinigung, in die Wäscherei oder durch die Hände der Haushaltshilfe. Meine einzige Entschuldigung für diesen eklatan-ten Mangel hausfraulicher Fähigkeiten ist sozialer Art: Ich wuchs in einem Wäscherinnendorf am Rhein auf, in dem es noch bis in die Achtzigerjahre über dreißig Wäschereien gab. Dort ließ sogar das niederländische Königshaus waschen! Jawohl, in meinem Heimatörtchen Beuel wurden die Nachthemden von Beatrix und Claus gebügelt! Jeder gab seine Wäsche weg, auch die einfachen Leute, und selbst dann, wenn sie dafür putzen gehen mussten.

Noch heute genieße ich dieses kindliche Vergnügen, wenn ich ein Paket frisch gemangelter Bettwäsche aufreiße. Ich inhaliere den Duft und freue mich auf den Moment, in dem ich mich in diesen frischen Laken in meinem Bettchen rolle … Wellness pur!

Ich muss aber auch zugeben, dass ein bisschen »Bildung« nicht schaden kann. Man merkt ja immer wieder, dass es in der Sache hilft; wenn jemand etwas gelernt hat, klappt es gleich viel besser, sei es Rechtschreibung, rückwärts einparken oder kellnern. Doch offen gestanden darf man über diese Beispiele gar nicht zu lange nachdenken, denn oft habe ich den Eindruck, dass selbst diese gelernten Dinge bei mir nicht mehr richtig klappen. Auf meine Rechtschreibung verlasse ich mich nach x Reformen jedenfalls nicht mehr. In jedem Brief, den ich auf dem Computer schreibe, finde ich im Text überall rote Schlangenlinien, die mir förmlich unter die Nase reiben: Was schreibst duden?

»Aber glaubst du wirklich, dass die Eigenverantwortlichkeit durch Aufschriften gefördert wird?«, frage ich Plopp. »Auf Schnapsflaschen steht immerhin seit ewigen Zeiten die Prozentzahl. Ich kenne jedoch keinen Trinker, der sich dadurch vom Saufen hat abhalten lassen.«

»Ich erinnere an Frau van P.«, wirft Tscheer ein.

Frau van P. arbeitete in meinem Büro, wenn sie nicht trank. Sie trank nur zu Hause, und zwar Wodka mit Birnensaft, wegen der Vitamine. Am nächsten Tag war sie dann oft krank, trotz der Vitamine. Und am Abend hatte sie ein so schlechtes Gewissen, dass sie nichts trank oder wenig und somit am nächsten Morgen zur Arbeit gehen konnte. Dafür belohnte sie sich abends wieder mit Wodka und Birne. Das heißt, sie war nur an zwei oder drei Tagen da, was selbst für meine kleine Firma nicht ausreichte. Leider. Denn sie war eigentlich ganz tüchtig. Natürlich machte die Geschichte die Runde, und eine Zeit lang begründeten wir uns gegenseitig jeden Drink mit gesundheitlichen Aspekten. Gin Tonic: Gin für den Geschmack, das Chinin im Tonic gegen Malaria. Mit Malaria müssen wir hier im Zuge des Klimawandels rechnen. Prost! Oder Rotwein: enthält auffällig viel Resveratrol, das positiv auf Herz und Gefäßsystem wirkt und der Krebsprävention dient. Es kann den Alterungsprozess verlangsamen und die Gehirnfunktionen aufrechterhalten. Männer sollten täglich zwei Gläser trinken, Frauen eins. Deshalb muss ich immer die großen Gläser holen … Denn wer weiß, wie viel Zeit mir noch bleibt, bis der neueste gesundheitliche Modetrend aus den USA attestiert, dass Wein doch nicht so gesund ist wie gedacht? Kurzerhand beende ich unser virtuelles Kaffeekränzchen und mache mich in der Küche auf die Suche nach einer leckeren Krebsprävention.

Nach einem Gläschen Wellnesswein beginne ich, mich stadtfein zu machen, weil ich endlich meine neuen Sonnengläser mit integrierter Lesebrille in Empfang nehmen kann. Während ich das Gesicht mit allerlei bedecke, was Frau von Welt so trägt, und in meine sündhaft teure Jeans klettere (der Hersteller bezeichnet sich in aller Bescheidenheit als »wahre Religion«), merke ich, dass diese Hose etwas enger sitzt, als sie sollte. Ich muss mir selbst eingestehen, dass ich in den letzten zwei Wochen mit schlechtem Gewissen, aber ebenso großer Begeisterung dreimal in einem US-amerikanischen Spezialitätenlokal mit gelb-roter Dekoration diniert habe … Der Begriff »Frittenländer« schießt mir wieder in den Kopf. Vielleicht bin ich der Prototyp seiner Einwohner: In allem, was ich tue, folge ich hauptsächlich meiner Lust. Und vor allem gehe ich davon aus, dass dieser Anspruch richtig ist, dass er von allen akzeptiert wird und keine Folgen hat (zum Beispiel zu enge teure Hosen). Immerhin hat die Europäische Wellness Union (EWU) den drei klassischen Bereichen – körperliche Fitness, geistige Beweglichkeit, seelische Belastbarkeit – der Frittenländermentalität entsprechend folgende Luxus- und Lustaspekte hinzugefügt: positive Arbeitseinstellung, harmonisches Privatleben und im Einklang mit der Umwelt. So, und jetzt sind Sie dran, liebe Leserin oder lieber Leser! Kennen Sie jemanden, der diese drei Privilegien in Gesamtheit und Gleichzeitigkeit erleben durfte? Positive Arbeitseinstellung, harmonisches Privatleben und im Einklang mit der Umwelt. Sie kennen niemanden? Doch, sie kennen einen! Er ist allerdings schon tot, Berichte über ihn gibt es nur aus zweiter Hand. Er hieß Adam. In seiner positiven Arbeitseinstellung fegte er den Garten Eden, spuckte hier und da einen Dattelkern Richtung Kompost und ließ sich von seiner Eva gebratene Täubchen, die freiwillig auf den Grill fielen, zubereiten. Dann machten die beiden eine harmonische Siesta in ihrem Bett aus Feigenblättern, im Einklang mit sich und der Umwelt. Paradiesisch … Bis die Geschichte mit dem Apfel dazwischenkam. Der Ernst des Lebens hielt Einzug. Seither müssen wir alle in den sauren Apfel beißen. Insofern ist der Anspruch der Europäischen Wellness Union völlig unrealistisch, ebenso wie viele andere Forderungen der EU auch. Aber ich will hier nicht politisieren, sondern konkret bleiben.

Wer nachfragt, was Menschen konkret von Wellness erwarten, und einschlägige Statistiken durchblättert, dem wird auffallen, dass die Psyche dabei eine zentrale Rolle spielt. So wurden beispielsweise im Auftrag der Zeitschrift *Journal für die Frau* 1060 Frauen nach ihren Assoziationen zum Begriff Wellness befragt. Psychologische Motive rangierten bei den Antworten der Frauen weit oben:

Zufriedenheit und Lebensfreude, Selbstbewusstsein, Sinnfindung und Selbstverwirklichung. Viele versprechen sich von Wellness eine »seelische Veränderung«.

Warum? Weil uns Menschen die Welt, so wie sie ist, oft auf den inneren Wecker geht. Weil wir insgesamt zu kurz kommen, gemessen an unseren Ansprüchen jedenfalls.

Es kommt ja nicht von ungefähr, dass rund 95 Prozent der Befragten mit Wellness vor allem »verwöhnen« und »sich etwas gönnen« verbinden.

Die Werbung bedient solche Sehnsüchte nach Kräften und lockt mit Formeln wie »Lassen Sie die Seele baumeln«, »Trinken Sie aus der Quelle innerer Kraft« und »Endlich Zeit für Gefühle«. Da haben wir ihn auch schon, den ersten Hinweis darauf, was Wellness wirklich kostet: Zeit! Unsere knappste Ressource. Zeit haben wir seit der Vertreibung aus dem Paradies und mit jedem Tag weniger. Besonders immer weniger »für uns«! Denn wir brauchen die Zeit für andere, für die Umwelt und für die Zeitdiebe, die uns umzingeln, allesamt getarnt als kleine Helferlein wie Telefon, Mailbox und SMS.

Die alle abgehört, angesehen und beantwortet werden wollen. Die eigenartige Höflichkeitstänze erzeugen, in welchen man bestätigt, dass man die Bestätigung der Bestätigung bestätigen möchte. Aber schon lange nicht mehr weiß, um was es eigentlich geht, bis dann nur noch der gute alte Knoten im Taschentuch hilft oder das Post-it an der Haustür: *20.00 Uhr Abendessen mit Ralf.* Ich kenne Menschen, deren Haustür aussieht wie das Lappenclown-Kostüm im Kölner Karneval. Ralf ist längst mit Rita verheiratet, klebt aber noch als Memo an einer Haustür.

Bei alledem hat sich aber die Zeitmenge, die der einzelne Mensch zur Verfügung hat, nicht verändert. Die ist dieselbe wie immer: vom Anfang des Lebens bis zu seinem Ende.

Der Punkt ist auch nicht, *was* der Mensch mit seiner Zeit

macht. Immerhin darf er mit seiner Zeit noch machen, was er will. Da gibt es bislang keine Vorschriften oder Gesetze. Man kann seine Zeit nutzen, verplempern, Fußball gucken, Sport treiben, sich um Frau Kind Mann Hund Haus Garten kümmern, Philosophie, Pornografie oder Philatelie betreiben, man darf auch multiphil sein und alles Mögliche lieb haben. Kurz: Man darf alles – nur nicht glauben, dass es Dinge gibt, die Zeit sparen …

Einer der 44 US-amerikanischen Präsidenten war übrigens bekannt für seine Pünktlichkeit. Selbst Fragestunden wurden stets rechtzeitig beendet. Auf die Frage, wie er das schaffe, sagte er: »Du darfst nicht auf jede Frage antworten.«

Unser Problem ist also, dass uns andere Menschen für alle möglichen Dinge und Angelegenheiten Zeit stehlen, natürlich stets unter dem Vorwand, uns welche zu schenken. Nehmen wir doch mal das Dosenpfand. Dass der Staat uns ungefragt zu ehrenamtlichen Müllmännern und Müllfrauen macht, ist übrigens im internationalen Vergleich eine Eigentümlichkeit, die dem Rest der Welt ähnlich befremdlich erscheint wie die Tatsache, dass das Einkommen hierzulande ein noch größeres Tabuthema ist als das Intimleben. Fragt man Ausländer aus aller Welt, was für sie typisch deutsch ist, rangiert – weit vor Bier, Autos oder »Bretzeln« – auf Rang 1: das Dosenpfand.

Auf der Suche nach einem günstigen Handytarif zum Beispiel unterhalten Sie sich stundenlang mit einem Kundenverräter, pardon, Kundenberater. Und das Ergebnis unterm Strich? Lächerlich. Wenn Sie die Zeit, die Sie allein zum Thema Handy oder Internet in irgendwelchen Shops oder Callcenter-Warteschleifen verbracht haben, in einem Zeitsparschwein sammeln würden, könnten Sie mit dem Ersparten, statt sich einen Kurzbesuch im Altersheim am Wochenende abzuringen, sämtlichen alten Tanten eine monatelange Weltreise spendieren.

Im Internet habe ich vor Kurzem die Anekdote von dem Fischer und dem Unternehmensberater entdeckt: Ein Fischer sitzt am Strand. Ein Unternehmensberater erkundigt sich zunächst, worin die Arbeit des Fischers bestehe, dann überlegt und rechnet er und schließlich trägt er vor: »Derzeit fahren Sie mit Ihren beiden Söhnen in einem Boot auf See. Von dem Erlös müssen drei Familien leben. Wenn Sie einen Kredit aufnehmen, könnten Sie mit drei Booten ausfahren und wiederum sechs anderen Männern Arbeit geben, von deren Erlös Sie das meiste haben. Damit könnten Sie drei größere Boote kaufen, mit denen Sie im internationalen Wettbewerb marktfähig bleiben. Dann haben Sie die einflussreichste Position hier in Ihrem Marktsegment und könnten die anderen Fischer überzeugen, für Sie zu arbeiten. Dadurch könnte Ihr kleiner Standort hier zu einer marktbestimmenden Größe internationalen Zuschnitts werden.«

»Und was habe ich davon?«, fragt der Fischer.

Sagt der Berater: »Sie könnten den ganzen Nachmittag auf das Meer hinausblicken und sich zufrieden zurücklehnen.«

Darauf der Fischer: »Kann ich jetzt doch auch.«

Leider sind die meisten von uns nicht so clever wie der Fischer. Wir kaufen uns die Zeit, in der wir uns verwöhnen lassen. Wir drücken jede Menge Kohle ab für die Zeit, die wir mit Wellness in Hotels, Anwendungen und Socken verbringen. Es scheint so zu sein, dass in dieser Gesellschaft, in der das Individuum doch angeblich so viel zählt, der oder die Einzelne eine ganz arme Wurst ist, wenn es darum geht, Wohltaten durch andere Menschen ohne Gegenleistungen zu empfangen. Die Seele möchte sich nicht anstrengen. Ihr ist alles Wissen von Dr. Dunn bis Dr. Tscheer völlig schnurz, sie will gar keine Eigenverantwortung, sondern nur auf den Arm. Und ich vermute, da liegt der einzige, aber fatale Fehler im Ansatz der Herren Travis, Ardell und Hettler: Die Seele ist bedürftig, der Geist

ist willig, aber das Fleisch ist schwach. Denn der Mensch an sich ist erst mal bequem. Und wir ändern nur dann etwas, wenn wir müssen.

(Gerade bemerke ich, dass Wellnesssocken doch etwas Besonderes sind: Man schwitzt darin ganz anders als in herkömmlichen. Es riecht irgendwie nach gesünderem Käse …)

WAS TUN GEGEN KATER?

Tscheer: Vorbeugen! Wenn man viel Alkohol trinkt, werden Elektrolyte ausgeschwemmt. Deswegen ist es wichtig, für einen Ausgleich der Mineralstoffe zu sorgen. Am besten geht man in die Apotheke und lässt sich ein paar entsprechende Tütchen geben. Das ist Basic. Aber vor Schleichwerbung werde ich mich hüten …

Plopp: Einen Kater vermeidet man am besten durch Mäßigung. Das ist jetzt ein extrem uncooler, aber wertvoller Tipp. Wenn schon Alkohol, dann sollte man darauf achten, was und wie viel einem bekommt.

Watte: Wer viel trinkt, muss viel trinken. Und zwar vor allem Wasser. Denn wenn man bei einer feuchtfröhlichen Gelegenheit nicht nur Alkohol, sondern auch literweise Wasser trinkt, hält sich der Schaden meistens in Grenzen. Irgendwann geht nämlich einfach nichts mehr rein.

Samstag ist Badetag

Die telefonische Reservierung für das Kleopatra-Bad ist kein Problem. Man scheint für diese Anwendung nicht gerade Schlange zu stehen. Schlange!? Meine leicht hypochondrische Ader zuckt über der linken Braue. Kleopatra starb bekanntlich – in einem Bad von Eselsmilch – an einem Schlangenbiss. Wie sehr werden die Bademeisterinnen auf historische Authentizität achten? Andererseits ist Schlangengift in bestimmter Dosierung ja heilsam. In fast allen durchblutungsfördernden Salben, die man auf Blutergüsse und schmerzende Glieder reibt, sei Schlangengift, behauptet Tscheer. Dennoch erkundige ich mich vorsichtshalber, ob es im Kleopatra-Bad ein Terrarium gibt. Nein, versichert man mir, eine Behandlung mit Tieren sei nicht vorgesehen.

Der Wellnessbereich inklusive Kleopatra-Bad gehört zu einem schicken Hotel in der Stadtmitte. Bereits das Foyer hat etwas Erhabenes. Schwarzer Marmor, goldene Leisten, vorteilhafte Bilder spiegelnde Spiegel, frische Blumen, Schalen mit allerlei Blütenblättern und unbekannten Ingredienzien, ein zarter, angenehmer Duft nach … irgendetwas. Und dazwischen viele kleine Informationsschriften, Visitenkarten und Folder, die weitere Behandlungen anbieten. Mich empfängt eine Aura mit sphärischen Klängen, eine andere Welt … Mindestens so realistisch wie die Tempelwelten von Nintendo. Die Dame an der Rezeption hat dank ihres lilafarbenen Seidenschals zur weißen Grundkleidung etwas Sphärisch-Engelhaftes, um genau zu sein, etwas Barockengelhaftes.

Die propere Dame nimmt gütig meinen Gutschein entgegen, nötigt mich anschließend zu vollständiger Entkleidung, stattet mich aus mit einem strahlend weißen, bodenlangen Bademantel und Frotteepuschen. Sodann bittet sie um gründliche Reinigung vor dem Eintritt in ein – ich zitiere – unvergessliches Erlebnis.

Der Gutschein umfasst offensichtlich auch eine bereitgelegte Seife aus altäthiopischer Kieselerde. Wegen der wertvollen Mineralien. Während ich mich damit einseife (oder eher einstaube), frage ich mich, mit was für Schweinchen die es hier zu tun haben mögen. Ich weiß natürlich, dass die Ansichten darüber, wann, wie oft und wie gründlich eine Körperreinigung zu erfolgen habe, auseinandergehen. Als Plopps Mutter für eine Behandlung ins Krankenhaus musste, wurde sie sehr gründlich untersucht, weil privatversichert. Dabei entdeckte man in ihrer Leiste Keime. Worauf sie sehr erbost antwortete, das könne gar nicht sein, sie habe erst vor drei Tagen gebadet.

Tscheer sagte damals, das liege an der Chefarztbehandlung. Die seien immer übergründlich. Man solle als Privatversicherter Chefarztbehandlung lieber ausschließen lassen. Wie sie denn darauf komme, fragte Plopp entgeistert, und Tscheer erinnerte daran, dass sie fast fünf Jahre für die Facharztausbildung in einem Krankenhaus tätig gewesen sei. Daraufhin schwiegen Plopp und ich schuldbewusst, denn wir hatten völlig vergessen, dass auch Tscheer einst »gearbeitet« hatte …

Ich hingegen arbeite an meiner Kieselerde, die wirklich schwer abgeht. Wahrscheinlich ein erster Schritt zum selbstverantwortlichen Handeln nach Travis, Ardell & Co.

Als ich die Körner weitgehend entfernt habe, bis auf ein paar hartnäckige Felsen zwischen den Zehen, bittet mich ein anderer Engel – diesmal hörbar aus Hessen – zur Gesichtsmassage. Der Raum ist nicht ganz so altägyptisch, wie ich mir das vorgestellt hatte. Eher indianisch auf das Wesentliche reduziert plus großem Staubfänger über dem Gesicht, wohl für den Fall, dass man die Augen auflässt, vermute ich laut. Das sei kein Staub-, sondern ein Traumfänger, werde ich belehrt. Ich solle mich einfach zurücklehnen, entspannen und träumen. Die guten Träume behielte ich für mich, die bösen finge der Traumfänger. Was kann da noch schiefgehen, denke ich, und lehne mich genüsslich zurück, bereit zur Entspannung und zu allerlei Träumen. Nie im Leben würde ich diesem Wischmopp meine Träume schenken – weder gute noch böse!

Ich schrecke auf, als ein zäher Brei auf meinem Gesicht verteilt wird.

Das sei das Peeling, erklärt mir der hessische Engel, aus einer anderen Kieselerdepampe, mineralisierend und aufbauend.

»Das reinigt Ihr Gesicht porentief und lässt die Haut wieder atmen.«

Ich atme durch die Nase, denn die Löcher sind erfreulicherweise pampenfrei geblieben.

Sphärensinfonien später: Während die Wellnessbeauftragte die Pampe geschickt mit einem Holzstäbchen wieder abkratzt, erzählt sie mir, durchaus unterhaltsam, wie Hessen so sind, das ganze Hin und Her ihres beruflichen Werdegangs und ihrer Liebe zu einem Kölner Jung', den sie tatsächlich an Weiberfastnacht kennengelernt habe.

Na gut, denke ich während des einseitigen Dialogs, so komme ich gar nicht in Versuchung zu träumen.

Ich freue mich auf die Gesichtsmassage. Auf Massagen stehe ich, seit ich mir als Zwölfjährige den Arm gebrochen habe. Als der Gips ab war, kam die Krankengymnastik. Und dazu gehörte auch eine Massage. Köstlich. Es gibt kaum eine Massage, die ich noch nicht ausprobiert habe. Tscheer hat einmal gespottet: »Ein Seemann hat in jedem Hafen eine Braut, du hast in jeder Stadt einen Masseur.« Ganz unrecht hat sie nicht. Ich bin nämlich leidend. Eine Berufskrankheit: Pömps-Allergie. Sobald ich mehrmals pro Woche vier, fünf Stunden auf Pömps herumstehe, bekomme ich heftige Verspannungen in Kreuz und Nacken. Was dagegen hilft, ist eine ebenso professionelle wie handfeste Rückenmassage. Noch wirkungsvoller wäre natürlich ein kompletter Wandel der Lebens- und Arbeitsbedingungen, aber dafür müsste ich reich heiraten oder reich erben. Beides halte ich für unwahrscheinlich.

Wohlmeinende Menschen empfehlen in regelmäßigen Abständen gemütliche Gesundheitslatschen und einen kuscheligen Wollpulli. Doch leider kommt das bei dem Publikum nicht so gut an. Zuschauer wollen, dass du dich anstrengst. Dass du Format beweist. Lässig natürlich und cool. Einerseits hoffen sie, dass du genauso bist wie sie. Schwach, unzulänglich, menschlich. Andererseits wollen sie, dass du wenigstens irgendetwas besser kannst als sie. Und wenn es nur ist, auf Pömps rumzustehen.

Zudem haben diese hohen Schuhe – Stilettos, wie sie das It-Girl bezeichnet – immer Konjunktur. Sie sind ein unverwüstliches Sex- und Statussymbol. Unterstützt wird dieses Image durch entsprechende Artikel in Frauen- und erklärende Bilder in Männerzeitschriften. Und natürlich in Witzen. Zum Beispiel: *Sagt die Frau im Schuhgeschäft zu ihrem Mann: »Schatz, bei aller Liebe, in diesen Schuhen kann ich nicht gehen.« Sagt er: »Das macht nichts Liebling. Hauptsache, du kannst bequem damit liegen.«* Und in zahllosen Scherzen wird behauptet, Frauen könnten kaum an einem Schuhgeschäft vorbeigehen, ohne wollüstig vor dem Schaufenster stehen zu bleiben. Ich schon. Bei Bäckereien oder Autohäusern fällt mir das allerdings sehr viel schwerer.

Gerade als ich den hessischen Engel fragen will, was er von High Heels hält, reibt er mir die nächste Paste ins Gesicht. Ich bin entsetzt! Wo bleibt die Massage?

»Ei …« Sie sagt tatsächlich ›Ei‹. »Das ist jetzt eine unglaublich mineralstoff- und nährstoffreiche, beruhigende Pharaonenmaske.«

Pharaonenmaske? Ich bin doch noch nicht tot!

»Revitalisierend und feuchtigkeitsspendend. Ihrer Haut fehlt Feuchtigkeit.«

Den Entspannungsbefehlen der Sphärenklänge kann ich aufgrund der ausführlichen Schilderungen von einem Umzug Mannheim–Köln–Longerich nicht Folge leisten. Allmählich bin ich in meiner Kleopatra-Stimmung ein wenig verstimmt. Wäre ich die echte Kleopatra, könnte ich den Sphärenmusik spielenden CD-Player sofort köpfen lassen und den hessischen Engel zwingen, die Pharaonenmaske selber zu tragen.

Aber leider, leider bin ich machtlos. Deshalb übe ich mich in der Grundtugend aller großen Herrscher. Geduld. Und Geduld kommt am authentischsten rüber, wenn man es schafft, ein neutrales, freundliches, im Idealfall teilnehmendes Gesicht zu machen, während man über etwas ganz anderes nachdenkt. Große Karrieren – vor allem in Verwaltungslaufbahnen – wurden so gemacht. Also denke ich unter Verlautbarung aufmerksamkeitsbekundender »Mms« und »Mms« darüber nach, wie sich Plopp an meiner Stelle verhalten würde … Ich glaube nicht, dass meine tatenhungrige Freundin es schaffen würde, eine halbe Stunde auf dem Rücken zu liegen und nichts zu tun. Ich erinnere mich noch gut an den Tag, als Tscheer verkündete: »Plopp, du lässt dir jetzt die Haare färben. Ich habe keine Lust, ständig an dir zu sehen, wie alt ich bin!« Und als auch ich diesem Befehl ein ausdrückliches »Jawohl« aufsetzte, fügte sich Plopp in ihr Schicksal. Plopp ließ sich die grauen Strähnen färben. Erstaunlicherweise bei einem Friseur und nicht mithilfe selbst geriebener Hennapaste vom Ökofachhandel.

Allerdings zwang sie den Friseur, die ganze Prozedur in siebzig Minuten statt in zwei Stunden zu bewältigen. Für die unvermeidliche Geduldsphase hatte sie ihr Handy mit einem Ohrstecker ausgestattet. Seither ruft sie alle sechs Wochen während des Haarefärbens ihre entfernten älteren Verwandten an. »Nutze den Tag … und jede freie Minute« ist ihr Motto. Das Motto einer Mutter mit vier Kindern. Zeit ist eben mehr *wert* als Geld.

Endlich wird meine Maske abgetupft. Nicht ohne weitere Erläuterungen, um welch tolles, allergiegetestetes Produkt es sich bei dieser Pharaonenmaske handelt. Das sei ja alles so ganz anders als in dem Naturkosmetikgeschäft, in dem sie mal gearbeitet hat.

»Obwohl«, gesteht der Neu-Kölner Engel, »eins war da eigentlich sehr gut … Da gab es keine Tierversuche. Die Verkäuferinnen haben alle Produkte an sich selber getestet.«

Eine weitere Herrscherinnentugend ist es, bei unfreiwilliger Komik keine Reaktion zu zeigen. Und endlich beginnt die Gesichtsmassage. Auch dafür wird erst einmal ein Sälbchen aufgetupft.

»Damit die Haut nicht so spannt.« Unter uns: Das letzte Mal habe ich mich so lange mit meinem Gesicht beschäftigt, als ich fünfzehn war und mich ein paar Mitesser quälten.

Die Augen vor der Wischmopprealität verschließend, spüre ich, wie jede Gesichtspartie in verschiedene Richtungen gezogen, gedrückt und gepresst wird. Nach Vorlage – »Ich hab das noch nicht so oft gemacht« … Gratis dazu gibt es Informationen über Stirn-, Nasen- und Kinn-Chakren. Sowie Kommentare zu meinem Gesichtszustand.

»Ihre Stirn ist ja lustig. Wie Watte! Wenn man da so reindrückt und die Delle kommt wieder hoch …«

Wattestirn sagte meine Großmutter zu mir, die als Erste dieses körperliche Phänomen entdeckt hatte. Seitdem hängt es mir an. »Watte«. Zumindest kann ich damit leben. Lieber eine Wattestruktur im Bereich des Oberhautfetts als eine Neigung zu Feigwarzen.

Es folgen die Lymphen und der Wasserabfluss in den Gefäßen. Und dass ich schwere Augen hätte. ›Jetzt fängt die damit auch noch an‹, empöre ich mich innerlich. Außerdem stelle ich fest, dass mir Tscheer schon begabter im Gesicht herumgefummelt hat. Mit mehr … Wie soll ich es ausdrücken? Mit mehr Gespür dafür, was es an Wohlgefühl bei mir auslösen könnte. Die Arbeit des zugezogenen Engels hingegen erinnert mich an die EDV-Fuzzis, die einem ständig erklären, was der Computer kann, sich aber nicht dafür interessieren, was ich vom Computer will. Außerdem spart das Engelchen chronisch die sensible Gegend über der Oberlippe aus. Ohne zu sehr ins Detail zu gehen, aber das ist genauso unerträglich wie bei einer intimen zwischenmenschlichen Berührung, wenn der andere haarscharf danebenliegt und man immer nur denkt: ›Komm zum Punkt! Komm endlich zum Punkt!‹

Als hätte sie es geahnt, erklärt die Lebensabschnittsbegleiterin meiner letzten 45 Minuten ziemlich abrupt das Ende der Massage, um mir zum Finale der ersten Behandlungseinheit eine ungeheuer wertvolle Creme mit den Fingerkuppen einzuklopfen.

»Die ist kollagenhaltig und baut die Falten und Rillen von innen auf.«

Ich kann der Versuchung nicht widerstehen.

»Wie oft am Tag arbeiten Sie denn mit dieser Wundercreme?«

»Och«, sagt sie, »so vier- bis fünfmal am Tag. Immer wunderbare Ergebnisse.«

Mich reitet der Teufel.

»Zeigen Sie mir doch bitte einmal Ihre Fingerspitzen.«

Sie tut es.

»Mensch«, sage ich, »da bin ich aber nicht überzeugt. Sie arbeiten fünfmal am Tag mit dieser Wundercreme und haben immer noch Rillen in den Fingerkuppen.«

Wortlos wickelt sie mich in verschiedene Tücher und entschwebt. Jetzt sind wir alleine, die Sphärenmusik, der Traumwischmopp und ich. Jetzt könnte ich mich entspannen, aber mir wird kalt. Vielleicht hat die Cremefetischistin aus Rache die Heizung abgedreht. Engel Nummer drei rauscht herein.

»Ne, he is et aber wat frisch«, sagt sie in unverkennbarem Kölsch und dreht die Heizung hoch. »Jetzt gucken wir uns mal die Händschen an. Ne, dat jeht aber jar nicht.«

Und schneller, als ich schlucken kann, steckt sie rechtes und linkes Händchen in ein Töpfchen mit Palmolive … Höflich erkundige ich mich, ob es sich um eine altägyptische Seifenlauge handele.

»Können Sie auch haben, aber ich nehme lieber Palmolive.«

Nun wird abgearbeitet, getunkt, gefeilt, Nagelhäutchen geschoben, Nagelhäutchen entfernt, gebürstet, poliert und massiert … Eine göttliche Handmassage! Ich sage kein Wort. Man soll sein Glück nicht auf die Probe stellen.

Wie ich das Finish gerne hätte. Klar, French, Farbe?

Ich entscheide mich für Klarlack. Aus Erfahrung. Bei manchen Frauen sehen die Nägel ja immer perfekt aus, aber fassen die auch mal etwas an?

»So, dat lassen mir jetzt wat trocknen. Tschöö!« Und weg ist sie.

Mit spitzen Fingern ziehe ich den von mir vorsorglich eingeschmuggelten Aufsatz, den mir Tscheer zugemailt hat, aus der Bademanteltasche. Der Aufsatz ist von Lutz Hertel, dem Vorstandsvorsitzenden des Deutschen Wellness Verbandes. Er lässt sich über Wellness und Wellnepp aus und zitiert unter anderem eine Studie des rheingold Instituts:

»Das rheingold Institut behauptet aufgrund tiefenpsychologischer Analysen, dass Wellness für den Verbraucher oft einen vielversprechenden, glücksähnlichen Zustand repräsentiert, der so umfassend ganzheitlich erwünscht und erwartet wird, dass er für den Suchenden nur extrem schwer realisierbar ist.«

Das kann ich nach meiner bisherigen Erfahrung bestätigen.

»Um Wellness zu erleben, müsse erst einmal – zumindest aus Sicht einer Frau – ein enormer Aufwand betrieben werden.« Vielleicht bin ich ja keine Frau. Zumindest aus meiner Sicht wäre bei der Kleopatra-Wellness bislang weniger mehr gewesen.

»Habe man dann alle Vorbereitungen richtig getroffen, soll eine außergewöhnliche sinnliche Überwältigung das ersehnte Wellnessgefühl auslösen, welches hingebungsvoll genossen werden will und einem spirituellen Ganzheitserlebnis gleichen soll.«

Ich denke nach … Ja, außergewöhnliche sinnliche Erlebnisse gab es hier. Es war zu kalt, jetzt ist es zu warm, es wurde aufreizend (nicht reizvoll!) an einem herumgefingert. Vielleicht hat mir für die Überwältigung die Hingabe gefehlt. Vielleicht, weil diese Behandlung nicht selbst gewählt, sondern ein Geschenk war. Von anderen bezahlt. Ein geschenkter Gaul. Auf einmal finde ich mich undankbar. Ich beschließe, die kommenden Behandlungselemente auf jeden Fall zu genießen, habe als gelernte Katholikin aber gewisse Zweifel hinsichtlich des spirituellen Ganzheitserlebnisses. Da braucht es mindestens ein Kalorienwunder von Bern, um mich zu beeindrucken. Oder eine Madonnenerscheinung in altäthiopischer Kieselerde, die echte Tränen weint.

»Wellness wird hinsichtlich seiner emotionalen Höhenflüge von Frauen daher auch mit (gutem) Sex gleichgesetzt.«

Bei aller Hingabebereitschaft, das geht mir nun doch zu weit. Obwohl … Ich erwähnte ja bereits mein Wohlgefallen an der professionellen Massage, die gegenüber der privaten Massage gewisse Vorteile hat. Denn die private Massage ist bisweilen eine Gefälligkeit, oft aber nur als »Vorspiel« gedacht und an die Erwartung einer körperlichen Begegnung geknüpft, welche »der Verwöhnte« dann mit weniger oder mehr (manchmal kommt der Appetit ja beim Essen) Begeisterung erfüllt. Obwohl man doch eigentlich nur einen steifen Nacken hatte. Bei der professionellen Massage hingegen erwartet der Massierende lediglich, dass »der Verwöhnte« das Honorar zahlt.

Da bei Männern und Frauen unterschiedliche Körperteile steif sind, hat der Seemann eine Braut in jedem Hafen und ich einen Masseur. Nun will ich hier sicherlich keine Lanze für die zügellose Wollust brechen. Aber möglicherweise ginge der eine oder andere Seemann seltener zu einer Professionellen, wenn die eine oder andere Seemannsfrau öfter zu einem professionellen Masseur ginge. Schließlich hat jeder Mensch viel mehr Lust – zu allem! –, wenn nichts wehtut. Für Frauen ist es aber noch viel zu wenig selbstverständlich, für eine wohltuende Dienstleistung zu bezahlen, solange diese keinem konkreten pragmatischen Zweck – wie einem Termin beim Friseur oder der Kosmetikerin – dient. Falls Frauen sich dann doch einmal ein rein hedonistisches Verwöhnprogramm gönnen, sind die Ansprüche plötzlich riesengroß.

»Das Rheingold-Institut betrachtet es als quasi unlösbare Aufgabe, diese idealisierte Erwartungshaltung des Verbrauchers befriedigend verwirklichen zu können.«

Jawohl!

»Dennoch geht vom Begriff Wellness eine universelle magische Wirkung aus. Einerseits helfe er, Banalitäten und Alltägliches aufzuwerten (bewusst duschen), andererseits betone er auch das Besondere (Verwöhnwochenende).«

Oder Kleopatra-Bad! Auf dieses Stichwort hin erscheint der Barockengel.

»Willkommen in der Badelandschaft«, flötet sie. Sie schält mich aus meinen Tüchern. »Sauna finnisch, römisch und mit Farben, Jacuzzi …«

»Wie bitte?«

»Whirlpool, Luftbläschen, Erlebnisdusche, Kaltbecken, Sole-bad?«

»Ja«, sage ich. »Danke.«

Ein bisschen komme ich mir vor wie an einem reichhaltigen Buffet. Wo soll man anfangen?

»In 75 Minuten erwarten wir Sie dann in Kleopatras Tempel.«

Das zumindest ist wie im Puff. Die Uhr läuft.

Ich entscheide mich im ersten Gang für die finnische Sauna und sage beim Eintreten höflich »Guten Tag«, denn da liegt eine Frau – die aber nicht reagiert. Kurz denke ich, die Frau sei tot, aber dann sehe ich, dass sie einen Musikstöpsel im Ohr und ein Tuch über den Augen (auch Schlupflider?) hat. Ich erkenne sie trotzdem. Es ist die Moderatorin, in deren Sendung ich unlängst aufgetreten bin. Schon eigenartig, wenn jemand so steif Gebürstetes plötzlich nackt vor einem liegt mit Augenbinde, einem Kopfhörerstöpsel im linken Ohr und einer 3-mm-Schamhaarfrisur. Ich verziehe mich schweigend auf die mittlere Bank, schließe die Augen und schwitze ganz im Hier und Jetzt.

»Ich kenne Sie«, sagt die tote Frau plötzlich. »Ich kenne Ihre Stimme.«

»Schon möglich«, sage ich und stelle mich vor. »Manchmal spreche ich im Radio.«

»Sie waren in meiner Sendung.«

»Ja«, sage ich, peinlich berührt, denn es kann zwar sein, dass die Jungs Geschäfte auf dem Golfplatz machen, aber mir persönlich ist es unangenehm, nackt mit einer nackten, einflussreichen Frau in der Sauna Konversation zu betreiben. An diese Situation muss ich mich erst einmal gewöhnen.

»Wissen Sie«, sagt sie, »ich komme immer hierher, weil man meistens seine Ruhe hat. Wenn Sie verstehen, was ich meine.«

Verstehe ich sofort. Schon allein, weil der Eintrittspreis eine Menge Menschen aussortiert. Doch wenn ich so populär wäre wie die nackte Frau schräg gegenüber, säße ich in meiner eigenen Sauna.

»Man wird ja überall angequatscht, da ist man schon mal gerne ein wenig für sich.«

In mir kämpfen rivalisierende Empfindungen. Was will sie mir sagen? »Ha, du Wicht, störe meine Kreise nicht! Du bist eingedrungen in mein Reich!« Oder: »Ach Schwester, die du auch unter der unendlichen Bürde der Prominenz leidest! Meine Sehnsucht nach einem Hauch Privatheit kannst nur du verstehen!« Oder: »Du bist mir eigentlich völlig egal, aber blöderweise habe ich dich erkannt. Blöderweise habe ich dir das zu verstehen gegeben, also muss ich blöderweise ein Gespräch mit dir führen.«

Ich entscheide mich für Variante C und nuschele irgendetwas Neutrales wie »Ja, es ist nicht so einfach.«

»Was machen *Sie* denn hier?«

Also doch A! Ich sage:

»Kleopatra-Bad.«

Allmählich regt sich in mir die Herrscherin. Ich lasse mich doch nicht von so einer Teleprompter-Ableserin anpupen. Noch ist das hier ein öffentlicher Raum, den zu betreten unter bestimmten Bedingungen, die ich erfüllt habe, gestattet ist.

Ich entscheide mich für geschmeidige Vorwärtsverteidigung.

»Ich habe Ihre letzte Sendung gesehen [gelogen], da ging es …«

»Jetzt fangen Sie auch noch an«, empört sie sich.

Super, denke ich, läuft ja wie geschmiert.

»Kommen Sie, ich fand Sie echt cool. Die Sache mit dem Dingens, ich komm grad nicht auf den Namen [gelogen] …«

»Sie meinen mit dem Jakob Dingens?«

Noch nie gehört.

»Ja, genau, mit dem Jakob Dingens.«

»Der ist ein Selbstläufer. Aber was soll's, es ist gut für die Quote …« Sie seufzt. »Möchten Sie auch einen Aufguss?«

Ich wundere mich immer, wie einfach es geht, wenn man sich ein bisschen Mühe gibt.

»Machen Sie doch in der Sendung mal etwas über Baden oder Sauna.«

»Ja, das wäre eine Idee.«

Sie nimmt den Ohrstöpsel raus und die Augenbinde ab und wird auf einmal richtig sympathisch.

»Ich schätze, viele meiner Kandidaten haben noch nie eine Sauna von innen gesehen. Ich genieße das hier.«

Sie lacht.

»Wissen Sie, wie das in meiner Kindheit war? Wir haben alle in einer Wanne gebadet. Nacheinander. Die, die am wenigsten schmutzig waren, zuerst. Was glauben Sie, was für ein Theater das immer war! Ich glaube, ich wollte nur Karriere machen, um einmal eine Wanne für mich alleine zu haben.«

Sie legt die Augenbinde wieder über die Augen und sich zurück auf das Handtuch.

In meiner Kindheit war Baden etwas Kultisches, es reinigte und klärte die Woche. Denn gebadet wurde samstags. Ein schöner Tag! Bis zwölf Uhr wurden alle Haushaltsdinge erledigt, eingekauft, Blumen dekoriert … Im Wesentlichen von meiner Mutter. Aber mein Vater hatte, wenn er mittags von der Arbeit kam, auch einige Besorgungen gemacht. Natürlich hatte ich ebenfalls kleine Aufgaben. Die hießen Leergut und Mülleimer versorgen, Kartoffeln schälen oder einen Schrank aufräumen. Damals räumte ich mit Begeisterung. Leider hat sich das nicht gehalten. Anschließend gab es Mittagessen, und dann verzog sich mein Vater ins Bad, während Mutter und ich die Küche aufräumten. Anschließend gehörte das Badezimmer meiner Mutter. Ich werde nie diese Geruchswelt aus

Badeschaum, Haarfestiger und Nagellack vergessen. Dazu die Geräusche der topmodernen Fönhaube aus leichtem Plastik, die immer so ein dezent jaulendes Timbre hatte, sobald sich meine Mutter ein bisschen von der Mitte entfernte und die Haube auf dem Kopf herumrutschte. Bis meine Mutter fertig war, das dauerte.

Mein großer Vater saß inzwischen wohlduftend in seinem großen, weichen Bademantel im Wohnzimmer, während im Radio die »Unterhaltung am Wochenende« lief, und schnitt sich die Fußnägel. Ordentlich, versteht sich, über einem Handtuch, jedes Nagelstückchen sorgfältig im Aschenbecher platzierend. Ich werde nie verstehen, warum viele Menschen Fußpflege widerlich finden. Was ist dabei, wenn von gepflegten Füßen überflüssige Hornstückchen entfernt werden?

Irgendwann trat dann auch meine Mutter ins Wohnzimmer. Eine neue Frau. Topfrisur, gesalbte Hände, lackierte Nägel. Ich mochte am liebsten die, heute würde man sagen, French Nails: klar lackiert und unter den Nägeln ein weißer Rand. Mutters Hände … unvergesslich.

»Wie war das denn bei Ihnen?«

Die Frage der Moderatorin reißt mich aus meinen Erinnerungen. Ich entscheide mich, statt der romantischen Samstagnachmittagsstory lieber eine Geschichte von Plopp zu erzählen, in der »Ichform« natürlich. Plopps Vater hatte die Angewohnheit – vermutlich eine Folge jener schweren Zeiten, in denen Wasser und Energie kostbar waren, *ohne* dass man dies ideologisch begründen musste –, allen Kindern die tägliche Dusche zu verbieten. Sonst wäre ja kein warmes Wasser mehr für ihn da, wenn er abends von der Arbeit komme. Er vertrat dieses Argument so überzeugend, dass seine Sparsamkeitslüge über 15 Jahre lang unangetastet blieb. Bis zu jenem Tag, an dem Tscheer ihrer Freundin Plopp erklärte, wie ein Heißwasserboiler funktioniert …

Die Moderatorin amüsiert sich.

»Die Vorstellungen von Hygiene sind überall auf der Welt unterschiedlich. Letztes Jahr war ich in Marokko. Wir fuhren mit ein paar anderen Touristen im Bus nach Marrakesch. Da machte eine Einheimische ihre Bluse auf, um ihr Kind zu stillen, und unser neuer Freund ›Ben, Boston, USA‹, wie er sich immer vorgestellt hat, kramte plötzlich wie ein Verrückter in seinem Rucksack. Völlig aufgebracht. Bis er endlich die Hygienetüchlein fand. So etwas wie Sagrotan, weil er sonst nicht aufs Klo gehen konnte. Er wollte diese arme Frau zwingen, ihre Brustwarzen damit zu desinfizieren, bevor sie ihr Baby stillt. Da war was los. Die Frau schrie, das Kind schrie, Ben schrie, die Leute schrien, weil sie dachten, wir würden entführt, und ich schrie, weil ich Angst hatte, wir würden wegen dieser touristischen Einmischung verhaftet …«

»Wie ist es ausgegangen?«

»Die Miliz kam – und wir mussten alle in ein dunkles Loch.«

Ich schaue sie voller Mitgefühl an.

»Quatsch«, lacht sie. »Zum Glück hat sich der Reiseleiter eingemischt, und alle haben sich wieder beruhigt. Allerdings hieß Ben für den Rest der Reise nicht mehr ›Ben, Boston, USA‹, sondern ›Ben, Boston, Chemicals.‹«

Eine gute Geschichte. Beim Stichwort dunkles Loch kommt mir jedoch etwas ganz anderes in den Sinn:

»Haben Sie es schon einmal mit einem Floating Tank versucht?«

»Ja«, sagt sie. »Das Grauen! Hatte ich geschenkt bekommen, dieses zweifelhafte Vergnügen. Weil jemand, der meinte, mich besser zu kennen als ich mich selbst, fand, es sei höchste Zeit, dass ich mich auf das eigene Ich besinne.«

Kommt mir irgendwie bekannt vor.

»Wie war's denn?«

»Na, man liegt auf einer Salzlake. Schon eigenartig, aber nicht unangenehm. Diese ganze Aktion soll die Geborgenheit des embryonalen Zustands simulieren. Doch dann wird der Deckel zugemacht. Als Embryo war man ja noch nie draußen und ahnt nicht, was man verpasst. Aber als Erwachsener will man wieder raus. Und eigentlich weiß man auch, dass der Deckel wieder aufgeht. Aber was ist, wenn sich jemand draufsetzt oder so? Das ist natürlich völlig irrational, aber ich konnte mich von der Vorstellung nicht befreien. Das war eine halbe Stunde Horror. Danach habe ich mir vorgenommen, demnächst ans Tote Meer zu fahren.«

»Wieso?«

»Na, wenn schon auf Salzlake liegen, dann oben offen.« Sie schreckt hoch. »Huch, jetzt muss ich aber raus.«

Ich kann auch nicht mehr. Unsere launige Plauderei hat mich unzählige Liter Wasser gekostet. Um die Kreise der Moderatorin nicht weiter zu stören, suche ich eine abgelegene Kaltwasserdusche und hüpfe danach in eines dieser Planschbecken für Erwachsene. Jacuzzi genannt. Ich finde sie herrlich. Man kann an den Düsen herumspielen, erforschen, welche mit welchen verbunden sind, welcher Druck sich wo erhöht … Ich habe schon als Kind gerne gebadet. Auch wenn wir keinen Jacuzzi hatten. Denn sobald meine Eltern fertig waren, gehörte das Badezimmer mir. Meine Vergnügungen im Bad waren natürlich altersabhängig. Zunächst erprobte ich die Schwimmtauglichkeit verschiedenster Utensilien. Dann machte ich Versuche mit der Wasserverdrängung, um zu testen, ob eine Wanne wirklich nicht überlaufen kann, und probierte das Experiment mit den verbundenen Röhren, wozu ich alle Strohhalme aus dem Barfach verwendete. Außerdem wusch ich natürlich brav mich und meine Haare, meine Schildkröte und die ungeliebte Puppe Friedhelm. Versuchte mich an Nagelfeilen und Bürsten. Und experimentierte mit allen eigenen Körperteilen am Ablauf – um zu testen, wie man einen Stöpsel im Notfall ersetzen könnte. Das brachte mir einmal einen roten Kreis am Po ein. Für den Fortschritt der Wissenschaft müssen eben Opfer gebracht werden … Wenn ich mit allem fertig war, zog ich mein rotes Bademäntelchen an und gesellte mich zu den Eltern. Wir schauten dann gemeinsam die Sportschau. Danach besuchte ich die Großeltern, während meine Eltern ausgingen.

Jahrzehntelang glaubte ich, dass der Samstag bei allen Leuten so aussieht: Man ordnet sein Leben, dann macht man sich schick und geht sich amüsieren.

Natürlich hatte ich nicht den geringsten Schimmer, dass wir da ein echtes Wellnessprogramm durchzogen. Die Abfolge war sogar um einiges entspannter als bei meinem Kleopatra-Adventure. Zu dem noch zu erlebenden, schönen Einmaligen gehören schließlich auch noch die Dampfsauna, die Lichtdusche und die sensorische Kneippanwendung namens »Contact your personal Buddha«. Was Kneipp mit Buddha zu tun hat, erschließt sich mir zwar nicht, aber es gibt ja auch Käsekuchen ohne Käse. Abgesehen davon hat streng genommen auch nicht Herr Pfarrer Sebastian Kneipp die nach ihm benannte Kur erfunden, sondern der Mediziner Asklepiades von Prusa, der 91 v. Chr. von seiner kleinasiatischen Heimat nach Rom auswanderte und zum Begründer der Wasserheilkunde avancierte. Der gründete sogar eine Schule, in der Interessenten – meistens griechische Sklaven, insofern also eher zwangsverpflichtete Wissensdurstige – medizinische Kenntnisse erwerben konnten. War also der Zeit weit voraus, dieser Asklepiades. Man stelle sich vor: 91 v. Chr. erfindet der Wellnessfranchising!

Ein paar Jährchen später sorgte ein Kollege dieses geschäftstüchtigen Wassermannes erneut für Aufsehen in Rom. Ein gewisser Antonius Musa erfand zur Zeit des Kaiser Augustus raffinierte Warm-Kalt-Anwendungen gegen rheumatische Beschwerden. Denn der Kaiser litt unter eingeschränkter Beweglichkeit und war, wie viele Menschen, die unter chronischen Schmerzen leiden, schnell ungehalten.

»Rette mein Leben, dann rette ich deines«, hatte er den Arzt zu Beginn der Behandlung aufgemuntert. Die Behandlung wurde ein voller Erfolg, und der Arzt und seine Mitarbeiter wurden als reiche Männer in die Freiheit entlassen. Seit diesem Tage darf niemand mehr so zu seinem Arzt sprechen, wie es seinerzeit Kaiser Augustus tat. Da mag sich so mancher Kassenpatient wünschen, er könnte das Rad der Geschichte zurückdrehen …

Aua! Ich trete volle Kanne auf einen spitzen Stein. Eine Erfahrung, die mich nicht nur aus meinen altrömischen Betrachtungen reißt, sondern auch aus dem Wellnessfeeling, das von dem ständigen Hin- und Herwechseln zwischen Kaltwasser- und Warmwasserbecken ausgehen soll. Beide Becken sind nämlich – »Contact your personal Buddha«! – ausgelegt mit unterschiedlichen Kieseln, Sandelementen, Holzdielen, Gummiquaddeln und spitzen Steinchen: Erfassen Sie mit den Füßen, worauf Sie gerade gehen … Ein sensorisches Erlebnis der besonderen Art, das sich Ihrem Gehirn mitteilt. Treten Sie in Kontakt mit dem inneren Ich, Ihrem persönlichen Buddha!

Man darf sich auch auf die Stufen setzen. Schließlich ist das eigene Ich bei vielen am Arsch.

So jedenfalls steht es in der Erläuterung über dem Becken. Sinngemäß zumindest. Mit Buddha hat man feuchtbehandlungstechnisch nun auch die alten Chinesen ins Boot geholt. Ob auch Handtücher und Badelatschen streng nach Feng-Shui-Regeln ausgelegt werden?

Als Napoleon Ägypten erobert hatte, sagte er zu seinen Soldaten angesichts der Pyramiden: »Männer, drei Jahrtausende blicken auf euch herab!« Wären Tscheer und Plopp hier, würde ich jetzt sagen:

»Freundinnen, drei Jahrtausende Wellnessgeschichte trete ich gerade mit Füßen!«

So, nun aber ab ins Caldarium. Was auch immer das sein mag …

Wider die erste Assoziation ist das Caldarium nicht kalt, sondern warm. Hier im römischen Dampfbad ist dein Nächster dank Nebelschwaden nur undeutlich erkennbar. Filmischen Nebelbegegnungen folgen meist Mord und Totschlag oder erotische Verwicklungen. Bei »römisch« und »erotische Verwicklungen« muss ich unweigerlich an eine weitere historische Persönlichkeit denken, nach der aber vermutlich nie ein Wellnessbad benannt sein wird. Höchstens ein Bordell. Die Römerin Valeria Messalina, deren Mann, Kaiser Claudius, beruflich sehr eingespannt war, soll aus lauter Langeweile ein »sittenloses« Leben geführt haben – inklusive einem Gruppensexwettstreit mit der stadtbekannten Prostituierten Scylla, aus welchem Messalina als Siegerin hervorging. Aber man sollte bei derartigen historischen Anekdoten stets die gleiche Skepsis walten lassen wie bei der Lektüre einer gewissen bildlastigen Boulevardzeitung. Es gab schließlich genug von Messalina abgewiesene und in ihrem Stolz verletzte Verehrer …

Hier im Caldarium des Kleopatra-Bades gibt es offenbar keine erotischen Verwicklungen, geschweige denn Rudelbumsen. Der kleine sechseckige Raum mit seinen schmalen, rutschigen Sitzbänkchen bietet auch keinerlei Gelegenheit dafür – weder für zwei Personen noch für Genitalgymnastikgruppen. Egal, was du anstellst, du würdest mit dem Kopf gegen die Glastür schlagen und auffallen.

Plötzlich habe ich eine Erscheinung. Der barocke Engel taucht schemenhaft im Nebel auf und winkt mit der Stoppuhr.

Husch, husch zum Höhepunkt: das Kleopatra-Bad! In mir meldet sich ein kleiner Appetit. Schließlich verweile ich nun schon seit geraumer Zeit in diesen Hallen, und außer Wasser in allen erdenklichen Aggregatzuständen gab es hier noch nicht viel Nahrhaftes. Vor meinem geistigen Auge tauchen nubische Sklaven auf, die mit großen Palmwedeln schlagen, schlanke Tänzerinnen und ein dicker Vorkoster, der zarte Hühnerbeinchen annagt oder meinetwegen auch Frikadellen. Die Sphärenmusikhersteller, diese Jamba-Klingelton-Komponisten der Antike, liegen gefesselt hinter den schweren Teppichen in der Ecke und werden gleich an die Krokodile verfüttert.

Palim Palim blamblam dooing. Ich frage mich, wie die Mitarbeiterinnen dieses Etablissements das aushalten. Von Menschen, die auf einem Bauernhof arbeiten und nicht nur von Wohlgerüchen umgeben sind, ist bekannt, dass sie den Übergeruch nach Jauche und Ähnlichem ausblenden können. Ich hoffe, das gelingt den Engelsohren auch. Wenn nicht, so würde es mich nicht wundern, wenn eines Tages in den Nebeln des Caldariums doch noch ein filmreifer Mord geschähe.

Mein Kleopatra-Bad, der Grund alles Unvergesslichen, der Anlass meines Besuches, die Stätte des weihevollen Megaevents von maximaler Zuwendung, ist eine ovale Wanne mit milchiger Flüssigkeit, aus der kleine Blasen hochblubbern. Der Boden um die Wanne ist feucht. Natürlich gibt es nichts zu essen. Gibt es vielleicht keinen Vorkoster, sondern eine Vorbaderin? Woher weiß ich, dass es bei dieser Wanne mit rechten Dingen zugeht?

Freundlich winkt mich mein Barockengel heran. Träume ich, oder ist das Lächeln um ihre Mundwinkel plötzlich falsch? Lockt sie mich in eine Falle, um mich in dieser milchigen Brühe zu ertränken? Vielleicht sind meine despektierlichen Gedanken offen zutage getreten, vielleicht macht es Menschen einfach wütend, wenn ihre Arbeit nicht ausreichend gewürdigt wird.

»Ist das auch Eselsmilch?«, höre ich mich dämlicherweise fragen, obwohl mich Sekunden zuvor noch Todesangst ummantelte.

»Nein.« Der barocke Engel schüttelt den Kopf. »Eine kleine Anwendung, aber noch viel besser als Eselsmilch.«

Sie bemerkt meinen fragenden Blick und klärt mich auf. Die Eselsmilch müsse ja pasteurisiert sein, wegen der Vorschriften des Gesundheitsamts. Im Übrigen sei ich die Erste, die sich danach erkundigt. Mit anderen Worten: Ich soll die Klappe halten, genießen und entspannen. Das mache ich auch, denn ich habe im Vorübergehen einen Blick auf die Uhr geworfen und festgestellt, dass ich in einer Stunde mit Tscheer und Plopp verabredet bin, »auf einen Kurzen«. Und wenn wir »auf einen Kurzen« verabredet sind, müssen alle pünktlich sein, weil jede anschließend noch etwas anderes vorhat. Ansonsten sind wir großzügiger miteinander.

Deshalb genieße ich blitzschnell den Eselinnenmilchersatzbadhöhepunkt, gebe mich der öligen Einreibung durch den hessischen Engel hin. Dass der immer noch verstimmt ist wie eine Engelsharfe nach der Sintflut, ist nicht zu übersehen. Ich lasse mich abtupfen.

Während ich schon mit einem Bein im Ausgang stehe, stopft mir der barocke Engel eine Tüte voll mit Informationsschriften unter den Arm: über ein Wellness-Partnerhotel in den Alpen, eine Therme in der Nachbarschaft, ein halbes Dutzend Einzelanwendungen (zum Beispiel mit heißen Steinen, mit öligen Lappen und mit kalten Tüchern) sowie über Fußmassage, Handrückenkunde und Zungenbelagsanalyse. Dabei habe ich nicht einmal ein Trinkgeld gegeben. Nicht auszudenken, was dann noch alles in der Tüte gelandet wäre.

Ich renne durch das Foyer und winke der Moderatorin zu, die Einsamkeit sucht und glaubt, dieselbe ausgerechnet in dieser Hotelhalle zu finden, wo alle Medienfuzzis unserer großen Stadt verkehren. Eine Logik, die sich mir entzieht. Ich irre auf der Suche nach der richtigen Ebene durch die Tiefgarage, finde meinen Parkschein erst Meter vor der Schranke – und erreiche unseren Treffpunkt »beim Italiener«. Pünktlich auf die Sekunde. Dankenswerterweise dürfen Stammgäste auf dem Bürgersteig vor der Bar parken, insbesondere wenn es sich um dachlose Zweisitzer handelt. Ein Hauch von Dolce Vita.

WELLNESS DURCH WASSER

Tscheer: Wasser ist nicht nur zum Waschen da, sondern auch zum Trinken und Schminken. Viel trinken, aber immer auf die richtige Wasserqualität achten! Hinweise dazu finden sich auf jeder Flasche.

Plopp: Wasser ist eines der ursprünglichen Lebenselemente. Der Säugling liegt schon in der Fruchtblase im Wasser. Dort hat er es warm und gemütlich. Als Elternteil hat man dafür zu sorgen, dass dieses natürliche Wohlbefinden in Bezug auf Wasser beim Kind erhalten bleibt. Und dass Baden und Schwimmen etwas Schönes ist. Also niemals sagen »Du musst baden«, sondern »Du darfst baden«. Übrigens, wenn die Haut im Sommer zu trocken wird, einfach mal gezielt an einem feuchten Ort aufhalten, zum Beispiel in einem Gewächshaus.

Watte: Der menschliche Körper besteht zu siebzig Prozent aus Wasser, aber es ist total unterschiedlich, was die Leute daraus machen. Mein Tipp: Immer aufpassen, dass man nicht zu lange auf dem Trockenen sitzt.

Tscheer und Plopp sind schon da, Wasser und Bionade trinkend. Franco, der Chef, begrüßt mich herzlich: »Bellissima! Nun ist mein schönes Deutscheland komplett.«

Unsere Haarfarben schwarz, rot und blond haben ihn zu diesem Spitznamen inspiriert.

Ich ordere eine Cola.

»Du lernst es nie«, stöhnt Plopp.

»Wieso?« Ich stelle mich dumm. »Ich habe ›Kocka Kolla‹ doch korrekt sizilianisch ausgesprochen.«

»Du weißt genau, was ich meine«, sagt Plopp und klingt dabei, als spräche sie mit einem ihrer Kinder. »Da sind böse überflüssige Kalorien drin.«

»Ihr glaubt es nicht, meine Lieben, aber ich bin völlig unterzuckert. Das ist gerade Medizin«, und hole aus zu einer weitschweifigen Kurzdarstellung meiner Erlebnisse der vergangenen Stunden. Aber irgendwie kommt meine Darstellung nicht so gut an wie sonst. Auch als ich den Aspekt Dankbarkeit nach vorne hole, relativiere, meine persönliche Anspruchshaltung geißele, meine Hingabebereitschaft hervorhebe … Irgendetwas stimmt nicht.

»Was ist denn?«

»Ach nichts«, sagt Tscheer und wirkt dabei so glaubwürdig wie eine Moderatorin im Teleshoppingkanal. Sie wechselt das Thema. »Wir haben uns gerade für Montagnachmittag bei mir zum Bräunen verabredet. Kannst du? Kommst du auch?«

Ich sage zu.

»Erzähl weiter«, fordert Plopp mich auf.

Wollen die mich auf den Arm nehmen?

»Ihr seid sauer, weil ihr das Gefühl habt, dass ich euer teures Geschenk nicht richtig würdige, stimmt's?«

»Nein, nein«, sagt Tscheer. »Erzähl ruhig weiter …«

Mein Bauch gehört mir … nicht mehr

Jedes Jahr Anfang April, wenn die Tulpenspitzen durch den Boden brechen und das Basilikum auf dem Fensterbrett nicht mehr erfriert, wenn die ersten Sonnenstrahlen die Holzpaneelen erwärmt haben und die Mittagstemperatur die 20-Grad-Marke fast erreicht, treffen wir uns auf der Terrasse von Tscheers Penthouse, mit Blick über Stadt und Fluss. Zum »Bräunen«. Gründliches Bräunen ist eine ziemliche Biesterei, und Frau Doktor Tscheer, die bekanntlich nichts dem Zufall überlässt, bereitet die OP vor. Wir bräunen natürlich mit Farbe. Tscheer hat sich eingehend mit der Sache befasst. Im Konkurrenzkampf zwischen Sonnenstudio, Strand und Farbe aus der Tube liegt die Tubenfarbe aus gesundheitlichen Erwägungen und vor allem hinsichtlich des Effekts eindeutig vorne. Allerdings nur, »wenn man es richtig macht«!

Dazu gehört ein sorgfältiges Peeling: Die zu färbenden Körperteile sind am Abend und am Morgen vor der Behandlung mit einem rauen Schwamm abzuschuppen und anschließend gewissenhaft einzucremen.

»Die Haut muss feucht sein. Elastisch durch Feuchtigkeit«, doziert Tscheer.

Auf dem Weg zur Behandlung in »Tscheer's Tanning Studio« dürfen keine engen Strümpfe oder Höschen oder Schuhe getragen werden, damit es keine überflüssigen Einschnitte oder Dellen gibt. Die Nagelbetten und der Bereich unter den Fingernägeln muss mit einem kleinen Polster aus extrem fettiger Fettcreme geschützt werden. Die Hornhaut an Fersen, Ballen und gegebenenfalls Knien und Ellenbogen muss am Vortag entfernt und mit Ringelblumenfett eingeschmiert worden sein. Und zwar, wie Tscheer nicht müde wird zu betonen, »mehrfach«!

»Ja.«

»Mindestens dreimal!!!«

»Ja! Wir haben es verstanden.«

»Das ist wichtig!«

»JA!!! Wir haben verstanden und werden es tun.«

»Das will ich aber auch hoffen!«

Tscheer kann unglaublich pingelig sein. Sie wäre bestimmt eine Superchirurgin geworden, wenn sie dabeigeblieben wäre. Aber kurz vor Ende ihrer Facharztausbildung, einen Monat zu früh, kamen die Zwillinge Robert und Alexander. Das war damals ein ziemlicher Schock für unsere perfektionistische Freundin. Doch was für jedes andere junge Paar mit ausgeprägtem sozialem Ehrgeiz eine wirtschaftliche Katastrophe bedeutet hätte, endete hier in einer kleinen, aber persönlich bedeutenden Neuorientierung: Tscheer entschied sich, von Stund an »Haus-Ärztin« zu werden. Sie verlegte ihre medizinischen Interessen auf die Behandlung von wunden Babypopos, Kinderkrankheiten und die Rückbildung von Schwangerschaftsstreifen. Ihren Mann, damals ebenfalls mit dem Abschluss seiner Ausbildung beschäftigt, tröstete sie mit den Worten: »Für eine eigene Zahnarztpraxis wird der Kies schon reichen.«

Wie wörtlich das zu nehmen war, hatte sie ihm bis zu diesem Zeitpunkt wohlweislich verschwiegen.

»Ich will keinen Erbschleicher, ich will einen Mann, der für das Wohl seiner Familie sorgt. Das hat ja schließlich mit männlichem Selbstwertgefühl zu tun«, hatte sie uns erklärt. Und so schwiegen wir zu Wolfgangs Betrachtungen und Überlegungen, wie er denn alles machen und finanzieren werde, obwohl wir schon lange wussten, dass Tscheer geerbt hatte, und zwar eine »rheinische Fruchtfolge«: Acker – Kiesgrube – Müllkippe – Bauland.

Tscheers Vorfahren waren erst Bauern, dann Kiesunternehmer gewesen – aber 2000 Jahre früher wahrscheinlich römische Legionäre, die ihr den olivfarbenen Teint, die dunklen Haare und die grünen Augen vererbt haben. Und vermutlich den strammen Ton. Wäre Tscheer ein Mann geworden, hätte sie als Schleifer einer Rekrutenkompanie Karriere machen können.

An diesem sonnigen Apriltag fungiere ich als Rekrutin, denn es gibt etwas Neues:

»Airbrush«, sagt Tscheer kurz, als ob damit alles klar wäre. »Plopp, leg dich bitte hierhin. Watte, du assistierst! Hier sind die Handschuhe.«

Gehorsam lässt sich Plopp auf der weißen Partytischdecke nieder, die Tscheer über dem Holzboden der Terrasse ausgebreitet hat, während ich die Gummihandschuhe aufblase, um sie einfacher überstreifen zu können.

»Also, ich erkläre es einmal kurz«, sagt Tscheer, während sie sich ihrerseits behandschuht. Flipp. Flopp. In Tscheers Schatten hätte Dr. Mabuse die Aura eines Eichhörnchens.

»Wie wir alle wissen, ist das natürliche Sonnenbad der natürliche Feind einer makellosen Haut.«

»Mmjah mmja«, murmeln Plopp und ich bestätigend und anteilnehmend, denn Einwände verlängern das Vorspiel, und in diesem Fall ist das nicht von Interesse.

»Sonnenbaden trocknet aus, schädigt die Zellstruktur und erhöht die Faltenbildung. Hinzu kommen nicht endgültig erforschte Erosionsschäden durch Umweltbelastungen wie CO_2-Ausstoß, andere Partikel in der Luft und das Ozonloch.« Tscheer atmet kurz ein. »Sprich: Sonnenbaden ist gesund, aber nur im Schatten.«

Plopp und ich nicken weiter gehorsam, obwohl wir ihre Sätze so treffsicher mitsprechen könnten wie Cineasten ihre liebsten Filmzitate. Wir warten auf das Neue, auf »Airbrush«.

Tscheer fährt fort:

»Man kann natürlich ins Sonnenstudio gehen. Die Geräte heute sind alle TÜV-geprüft, die Strahlung ist kontrolliert. Wenn man nicht öfter als zehn-, zwölfmal im Jahr dorthin geht, kann nichts passieren, aber …«

Plopp und ich wissen, jetzt kommt gleich der Höhepunkt, verhalten uns aber ruhig.

»… wie man sich auch dreht und wendet, es gibt immer weiße Flecken am Hintern und oberhalb der Pofalte!«

Das ist natürlich entsetzlich!

Zumindest für Tscheer. Plopp hingegen verdreht in gespieltem Elend die Augen und unterdrückt ein lautes Auflachen. Ich fühle mich wie ein kleines Mädchen, das dagegen ankämpft, in der Kirche zu kichern, provoziert von dem Verbot. Tscheer bemerkt nichts von alle dem und greift zu der Tube mit Selbstbräunungscreme.

»Farbe aus der Tube ist das für Organismus und Haut am besten verträgliche Mittel. Es findet eine oberflächliche chemische Reaktion statt, die sich durch Hauterneuerung und Abschuppen aufhebt. Leider lässt sich Farbe aus der Tube nicht makellos auftragen, jedenfalls nicht von jedem – oder jeder …«

Das geht gegen mich. Dummerweise hatte ich meine Hand mit Farbe bei der letzten Tanning-Aktion zu lange auf einer Stelle von Plopps Bein liegen lassen, während ich eine unaufschiebbare Geschichte erzählte. Hinterher sah es aus, als hätte sie dort einen riesigen Leberfleck. Ich habe mich natürlich geschämt und entschuldigt, aber manche Geschichten halten eben länger als ein Wechsel der Oberhautschuppen.

»Deshalb werden wir heute«, Tscheers Stimme bekommt etwas Feierliches, »ein neues Airbrushverfahren anwenden.«

Plopp richtet sich neugierig auf.

»Also hier«, unsere Kosmetikkommandantin weist auf einen kleinen Kanister, »ist die Tönungslotion drin. Da diese auf Wasser-Öl-Basis beruht, habe ich sie etwas verdünnt, sonst gibt es Probleme mit der Düse. Das funktioniert, ich habe es an Wolfgang getestet.«

Vor meinem geistigen Auge sehe ich Tscheers Mann. Sein gebräuntes Gesicht und die braun gecremten Hände ergänzen perfekt seinen versuchskaninchenweißen Arztkittel zum vollendeten Klischee: ein Bild von einem Zahnarzt!

»Hier ist der Kompressor, den musst *du* bedienen«, klärt Tscheer mich auf. »Guck nicht in die Luft! Guck hierhin! Den Druck habe ich eingestellt. Du musst nur hier an- und ausmachen, das schaffst du.«

Ich nicke. Tscheer hat manchmal eine Art zu motivieren, die einen an sich selbst zweifeln lässt. Für mich sehen die Gerätschaften aus wie das Zeug, mit dem die Maler bei der letzten Renovierung die Türen lackiert haben, nur etwas kleiner. Aber ich habe volles Vertrauen in Tscheers technisches Talent.

»So, dann wollen wir mal.« Tscheer nickt uns aufmunternd zu. »Runter mit den Höschen, ran an die Geräte!«

Ich werfe den Kompressor an. Kaum hat sich die arglose Plopp höschenfrei auf den Rücken geworfen, ertönt ein erschütternder, tief emotionaler Aufschrei.

»Aus!«, brüllt Tscheer. »Mach den Kompressor aus!«

Ich folge. Als Tscheer zu sprechen beginnt, liegt in ihrer Stimme ein Zorn, der eine Mischung aus Todesstrafe und vier Wochen Hausarrest ohne Abendbrot ins Bett vereint:

»Hermine! Du hast dich nicht rasiert!!!«

Nun ist es heraus: Hermine Caroline Elisabeth Emilie Freifrau von und zu Denkdirwasaus, Hausherrin von Ploppenburg, verheiratete Müller, lieber genannt Plopp, hat sich nicht die Beine rasiert!

»Kannst du mir mal sagen, wie das gehen soll?«, fragt Tscheer vorwurfsvoll.

Plopp wird rot wie ein junges Mädchen, dessen Liebesbrief an den Klassenschwarm von der Lehrerin laut vorgelesen wird.

»Wir wollen hier Haut färben und nicht Haare.«

Tscheer wendet sich von Plopp ab.

»Watte!«

»Ja?!«

»Nein, nicht *du*! Gib mir Watte. Aus dem Badezimmer. Und bring Rasierschaum mit. Die Klingen sind im Wandschrank.«

Mit allen notwendigen Utensilien ausgestattet, rasiert Frau Doktor anschließend persönlich – und wir beiden anderen sind ganz still, denn offenbar hat sich Tscheer tatsächlich geärgert über Plopps mangelnde Disziplin.

Plopp alias Hermine undsoweiter hat nicht nur einen kilometerlangen Titel, sondern auch einen Stammbaum bis ins frühe Mittelalter. Da werden nun einmal bestimmte Dinge vererbt, und in Plopps Fall handelt es sich dabei eben um ein kleines Fell auf beiden Schienbeinen. Wenn sie die Beine nebeneinanderlegt, erkennt man den Umriss eines Hasen. Der hockt auch auf ihrem Familienwappen. Er scheint also schon sehr alt zu sein. Aber besser ein Hasenfell auf den Schienbeinen als auf der Brust. Zumindest bei einer Frau.

Vor vielen, vielen Jahren hat Tscheer schon einmal Plopps Beine rasiert. In dem Jahr, in dem wir uns kennenlernten. Ich war sitzen geblieben, Tscheer kam von einer anderen Schule hinzu, und Hermine, die Jüngste, damals noch kurz und viereckig, aber schon vernünftig und verantwortungsvoll, war als Klassensprecherin unsere Integrationsbeauftragte.

Sie und ich waren körperlich noch etwas zurück, Tscheer hingegen war schon eine richtige Frau. Und was für eine! Ihren Spitznamen hatte sie schon damals, was sie ihrer Ähnlichkeit mit der Popdiva verdankte. Dass sich die beiden später auch charakterlich in dieselbe Richtung entwickeln würden (Stichwort »Schönheitswahn und Jugendkult«), konnte damals niemand ahnen. Tscheer hatte sogar schon mal geknuscht, sie hörte dolle Musik und kannte sich super darin aus, wie man sich zurechtmacht. Haare waren damals Thema Nummer eins: auf dem Kopf so lang wie möglich, Mittelscheitel, Stirnband … Aber am Körper? Alles, was herausguckte, musste weg. Büsche unter den Achseln, die beim Sport herausschauten … Das ging gar nicht. Manchen machte es zwar nichts aus. Uns schon. In unserem Trio ersetzte das Rasieren andere Formen der Blutsbrüderschaft. (»Blutsschwesternschaft«, fiel uns bei anderer Gelegenheit auf, wäre vielleicht etwas zu zweideutig.) Tscheer war die Trendsetterin, würde man heute sagen. Hätte Nena in den Achtzigern Tscheer als Stylingberaterin gehabt, würden sich die Leute nicht immer wieder über ihren urwüchsigen Achselhaarlook aus der 99-Luftballons-Ära lustig machen.

Wir flogen nicht sofort aufeinander. Ich mochte zwar Plopps ruhige, unaufgeregte Art, und wir beide bewunderten Tscheer für ihren Charme und ihre Lässigkeit – aber was Tscheer an uns fand? Zunächst einmal waren wir nur dankbares Publikum für ihre unübersehbaren Extravaganzen, doch einige Zeit später war es auch Wertschätzung für Plopps unbeirrbare Integrität und meine Fantasie. (Stimmung in die Bude zu bringen, war schon immer mein Ding gewesen.)

Damals war die Zeit, als es bei Hermine »Plopp« machte, was ihr den Spitznamen einbrachte, den sie noch heute trägt. Sie wuchs jeden Tag mindestens einen Zentimeter. Und die Hasenfellhaare wuchsen mit. Damals musste auch Hermines – alias Plopps – jungfräulicher Fellhase zum ersten Mal dran glauben, schließlich wollten wir zu dritt ausgehen, und die Röcke waren noch ziemlich kurz.

Die erste Rasur fand im Orchideenhaus von »Ploppenburg« statt. Plopps Zuhause. Wenn Wohnen auch Wellness ist, wie uns heutzutage unter Stichworten à la »Cocooning« suggeriert wird, wohnte Plopp in einer wahren Wellnesshochburg. Die Bauern der Umgebung nannten das Anwesen ein »Schloss«, wohingegen der schon sehr alte Vater von Plopp es lediglich als »Herrenhaus« bezeichnete, womit er wiederum eine These meines Vaters widerlegte. Denn als ich diesen einmal gefragt hatte, was das Besondere an Adligen sei, hatte er geantwortet, die seien einfach stolz auf alles. Und das reiche für Jahrhunderte.

Plopps Heim war aber auch aus meiner Sicht ein Schloss. Sehr groß, sehr alt, mit einem riesigen Park drum herum, mit frei stehenden Garagen, einer großen Eingangshalle … Ich war begeistert. Das war etwas anderes als unsere Etagenwohnung mit Balkon, die wir mit drei Generationen bewohnten. Das war auch etwas anderes als die Reihenhäuser der Beamten im Umland und auch etwas anderes als das Elternhaus von Tscheer, in dem sich der Kies in vergoldeter Form auf jede Klinke gelegt hatte.

»Sie haben hier ja alles«, platzte ich heraus, »viel Raum, große Bilder, alte Möbel.«

»Ja, ja«, nickte Plopps Vater. »Wir haben hier alles, sogar Schulden.«

Entsprechend marode war auch der Zustand des Orchideenhauses, an dem der Name das Schönste war. Die Orchideen, die irgendein Vorfahr auf Ploppenburg zu Wellnesszwecken gezüchtet hatte, waren längst verblüht. Das Orchideenhaus war ein ganz normales Gewächshaus, in dem Tomaten, Zucchini und Auberginen angepflanzt wurden, was jedoch auf mich kleines Bürgerskind schon exotisch genug wirkte. Zudem war es dort warm und hell, und es gab Wasser zum Abspülen.

Bei einer modrigen Luftfeuchtigkeit von achtzig Prozent, zwischen Harken und Töpfen saß Plopp völlig verängstigt auf einem

Holzbänkchen und sah zu, wie der Stolz ihres Familienwappens Zentimeter für Zentimeter entfernt wurde. Tscheer war sehr angetan von ihrem Werk.

»Steh mal auf«, forderte sie Plopp auf. »Na, das sind jetzt wenigstens Beine!«

Plopps Beine waren wirklich sehenswert und sind es bis heute. Vielleicht lag es auch an den Genen oder am Radfahren, doch meine beiden Freundinnen gingen nun für 16 durch. Ich, die es schon war, hingegen nicht.

»Ich habe einen Personalausweis«, sagte ich, als wir zum ersten Mal zusammen ausgehen wollten.

»Das nützt uns erst mal gar nichts«, Tscheer war Realistin, »am besten setzt du eine Sonnenbrille auf.«

Ich wusste zwar nicht, wieso, widersprach aber nicht.

Wir gingen in ein Lokal, und es wurde gefragt, warum ich eine Sonnenbrille trage. Tscheer erklärte, ich sei ihre sehbehinderte jüngere Schwester. Nun musste ich den Ausweis zeigen, und man ließ uns voller Mitleid ein. Wir kauften den damals angesagten Wellnessdrink »Kölsch Cola« und warteten. Als der Abend vorbei war, hatte Tscheer mindestens vier Verabredungen, irgendein langer dürrer Typ wollte Plopp heiraten, und ich … Ich kriegte nichts mit, weil ich mit der Brille nichts sah. Dennoch wurde ich gegen Ende des Abends von irgendeinem pummeligen Loser zum Knutschblues aufgefordert und wunderte mich über bis dahin unbekannte männliche Körperteile, die sich an meinem Bauch rieben.

»Du hast den doch den ganzen Abend angestarrt«, sagte Plopp, als ich mich darüber beschwerte.

»Hab ich nicht«, rechtfertigte ich mich. »Ich hab doch gar nichts gesehen.«

Tscheer beruhigte mich:

»Wenn wir in dem Laden erst mal drin sind, kannst du die Brille ruhig absetzen.«

Mit Plopps Hasenfell begann auch die Zeit, in der wir unsere »Problemzonen« entdeckten. Denn der Hase wuchs natürlich nach und musste regelmäßig bekämpft werden. Bei mir entwickelte sich der Brustbereich zur Problemzone. Zunächst war da nämlich gar nichts – und dann war es nicht wie bei Tscheer, bei der zwei vollendete Äpfelchen saßen, die jeder römischen Göttin zur Zierde gereicht hätten, oder wie bei Plopp, wo sich wenig, aber in ansprechender Rundung zur Gestaltung der Büste bequemte. Nein, bei mir wurde es viel. Und es zeigte nach unten. Vom ersten Tage an. Niemals, niemals hätte ich den Bleistifttest bestanden. Ich hatte ein empfindliches Problem vor der Brust. Denn mit Völkerball und anderen Kontaktsportarten war es vorbei. Es tat weh! Und es sah furchtbar aus!

Plopp empfahl mir Gymnastik. Ich machte Liegestütze, presste die Handballen vor der Brust zusammen und machte Klimmzüge. Tscheer empfahl mir, beim Sex oben zu liegen, zumindest solange, bis das Licht aus wäre.

Beim Sex oben liegen! Pfhh! Bis auf meine Knutschblueserfahrung war da nichts, was auch nur annähernd an Sex erinnerte …

Ich vertraute mich meiner Großmutter an. Die schickte mich mit fünfzig Mark in ein Fachgeschäft für Miederwaren. Sie fühle sich verantwortlich, weil ich diese Brüste ja schließlich von ihr hatte. Nie werde ich dieses Einkaufserlebnis vergessen.

»Fräuleinchen, jetzt gehen Sie aber mal nicht so achtlos mit Ihrer Büste um«, sagte die strenge Verkäuferin. »Die Büste stopft man nicht, die legt man. Darf ich Sie mal anfassen … So, sehen Sie, so geht das«, erklärte sie, während sie, die Scham nicht verletzend, mit den Handrücken meine Brüste in die Körbchen bugsierte. »Sie brauchen breite Träger. Und Bügel. Lassen Sie sich niemals Nackenträger aufschwatzen. So, jetzt sieht das doch wirklich gut aus!«

Damit war das Problem zumindest optisch erledigt. Allerdings wurde mir damals zweierlei klar. Erstens: Fakten sind Fakten, man kann sie gestalten, aber nicht ändern. Zweitens: Optik ist ein teures Vergnügen. Von den fünfzig Mark war nicht viel übrig geblieben, und das war damals eine Menge Geld. Man brauchte schließlich auch noch einen Badeanzug oder Bikini … Eine gute Figur kostet Geld. So oder so.

Tscheers Problemzone waren die Fingernägel. Denn sie kaute sie.

»Das geht nach dem ersten Kind weg«, tröstete Plopp mit einem Spruch ihrer Mutter.

»So lange will ich nicht warten«, sagte Tscheer und bepinselte ihre Nagelbetten mit allerhand chemischen Stoffen, von denen sie später behauptete, sie würden high machen, ob wir auch mal lecken wollten …

Schließlich waren Tscheer und ich auch noch von Orangenhaut bedroht. Ja, ebenso direkt wie simpel beschreibend hieß die heute so vornehme »Cellulite« damals – nach einem Intermezzo als »Cellulitis«, welche die Kosmetikbranche aber wieder abgeschafft hat. Denn bei »-itis« handelt es sich um eine Entzündung, medizinisch gesehen, wie uns Tscheer einmal aufklärte, und bei Orangenhaut sei ja nichts entzündet, sondern da ginge es nur um Wasser, das von den wabenförmigen Bindegewebszellen der Frau gebunden würde, zumindest bei weiblichen Frauen wie ihr und mir. Plopp verstand zum Glück nur, dass sie niemals Orangenhaut bekommen würde, und war zufrieden.

»Da gibt es lediglich eine Lösung«, sagte Tscheer. »Gewicht runter und dann halten, halten, halten.«

Und von dem Tag an hielt sie ihr Gewicht. Plopp schlug vor, sich etwas mehr zu bewegen, dann könne man auch mehr essen.

Tscheer verzog das Gesicht:

»Du immer mit deiner Bewegung. Mensch, dann schwitze ich doch!«

Ja, da saßen wir nun mit unseren Problemzonen. Woher aber wussten wir, dass wir welche hatten? Kaum vom kindlichen Mädchen ins Frausein geschlüpft, hatten wir Problemzonen. Immerhin war damals noch nicht von »Wellness« die Rede, man ahnte noch nichts von der überlebenswichtigen Harmonie zwischen Körper, Geist und Seele. Frau wusste nur, dass frau als Frau nicht perfekt war. Und dass mit Brust, Schambehaarung und Monatsblutung ein Wesen in unser Leben trat, das wir niemals mehr loswerden würden: das Ratgeber-Wesen. Das uns riet: Wenn ihr schon nicht perfekt seid, dann tut zumindest euer Möglichstes, um für die Zukunft vorzubeugen. Gerade sitzen, um einem Doppelkinn vorzubeugen. Auf dem Rücken schlafen, um einem Hängebusen vorzubeugen. Ratschlag Nummer zwei fand ich übrigens unlängst beim Friseur wieder, in einem Heftchen mit 150 Tipps für ein gesundes Alter. Diese Schlafposition mindert nämlich auch Gesichtsfalten und Krähenfüße. Ohne jetzt kleinkariert wirken zu wollen: Krähenfüße sind nicht der Inbegriff jugendlicher Schönheit, aber sind sie gesundheitsgefährdend? Kleine Widersprüche des Ratgeber-Wesens sind tolerant zu übersehen; und auch dass sich die Komplexität mancher Ratschläge erst auf den zweiten Blick erschließt: »Kinder, tragt ein Unterhemd, sonst werdet ihr untauglich für die Ehe.« So Schwester Monika ein ums andere Mal mahnend. Es handelte sich zwar um eine Nonnenschule, gemeint aber war, dass die bekannte Empfindlichkeit des weiblichen Geschlechts hinsichtlich Blasen-, Nierenbecken- und sonstigen Entzündungen üble Folgen für die Fruchtbarkeit haben kann. Schlechte Nachrichten also auch für die Bauchfreigeneration unserer Tage. Denn hüfttiefe Hosen und knappe Oberteile mögen zwar den bewundernden Männerblick auf trainierte Damenbäuche, Bauchnabelpiercings und Arschgeweihe lenken, die unbekleideten Körperpartien werden aber permanent unterkühlt.

»Lissy«, sage ich zu Plopps Tochter und versuche ein bisschen moderner zu klingen als seinerzeit Schwester Monika, »chronische Nieren-Blasen-Beschwerden sind die unangenehmen Spätfolgen dieser modischen Jugendsünden. Sie sind die Hölle. Nimm wenigstens einen Pulli mit.«

Dabei verkneife ich mir den Ratschlag (so tolerant bin ich nun schon im Alter), dass moppelige Frauen sowieso besser Einteiler tragen sollten …

Wir drei kamen mit unseren Problemzonen eigentlich ganz gut weg, im Gegensatz zu all den Giselas, Gabis und Gelis, die sich mit schwerer Akne, »Reiterhosen«-Beinen, Fettsteiß, tonnenschweren Brillen oder dicken Oberarmen herumschlagen mussten. Aber alle – bis auf die wenigen, denen alles egal war, auch die Haare, die am Schritt des Sporthöschens herausschauten – waren sich einig: Das Zauberwort hieß »Gewicht«. Dafür wurde eiskalt gehungert. Die vermeintlich Fortschrittlicheren machten Diät. Tscheer war in solchen Dingen schon immer auf Zack und hielt nichts von Diät. Im Gegensatz zu ihrem pseudoitalienisch koketten Gehabe interessierte sie sich nämlich für Biologie und Chemie.

»Das ist wenigstens etwas Konkretes. Diese Gedichte in Deutsch – ›auf steigt der Strahl und fallend gießt‹ –, was soll das denn sein?«

Ich sage: »Ein Springbrunnen.«

»Und warum sagt das der Dichter nicht gleich?«

So erlangte ich mit Tscheers Unterstützung ausreichende Noten in Biologie und Chemie, und mit meiner Hilfe erhielt sie für die Interpretation einer Kurzgeschichte sogar einmal ein »gut«. Mit dem Vermerk, sie hätte etwas ausführlicher sein können. Was insofern nicht verwundert, als sie nur die Gliederung abschrieb, die ich auf der Toilette für sie versteckt hatte. Plopp, dies nur der Vollständigkeit halber, war in ihrer Schulzeit notenmäßig unauffälliger Durchschnitt. Nur in Sport, Musik und Religion war sie sehr gut. Aber da konnte oder musste man auch nie abschreiben.

»Diät jedenfalls«, sagte Tscheer schon als 15-Jährige im Brustton der Überzeugung, »Diät *muss* Quatsch sein.«

Sehr in Mode war damals eine Eierdiät. Morgens drei Eier, mittags drei Eier, abends drei Eier. Plopp machte sich Sorgen, wie die Hühner da nachkommen sollten. Ich verwies auf den Einzelhandel. Plopp sorgte sich um die Kosten. Tscheer wiegelte all unsere Bedenken als unerheblich ab und sagte:

»Das stopft doch. Von der Eierdiät kackt man beinharte Kastanien.«

Ich hatte auch mit dem Gedanken gespielt, es mit dieser Diät zu versuchen, aber die drastische Schilderung des Verdauungsvorganges ließ mich zurückschrecken.

»Nur Eiweiß und Cholesterin, da kommt der Stoffwechsel doch gar nicht hinterher«, argumentierte Tscheer weiter.

»Aber man nimmt davon ab!«, sagte trotzig die dicke Geli, die heute übrigens 130 Kilo wiegt, ich habe sie neulich als Sachbearbeiterin bei den Stadtwerken getroffen.

»Quatsch«, sagte Tscheer. »Man darf alles essen, nur nicht so viel.«

»Willst du nicht mal mit zum Sport kommen?«, schlug die hilfsbereite Plopp vor.

»Quatsch«, sagten Tscheer und Geli im Duett. »Aber«, fügte Tscheer mit einem Seitenblick zu Geli hinzu, »rasier dir wenigstens die Haare unter den Armen ab. Die sind so lang, da kann ja der Prinz von Rapunzel dran hochklettern.«

»Ihr seid Schweine!«, versicherte die dicke Geli angewidert. »Perverse Schweine!«

Wenn man sich heute in Saunen, dem schlichten Wellnesstempel der Siebziger, so umschaut, wüsste ich gerne, was Geli zu dem sagt, was man da so alles sieht. Körperteile, für die man kein medizinisches oder deutsches Wort weiß, jedenfalls keines, das man Kindern sagen würde. Wir hatten das Thema mal auf einem unserer Bräunungstreffen: Die Ganzkörperrasur an allen Körperteilen, die zur Behaarung neigen, ist »State of the Art« und offensichtlich Ausdruck des Selbstverständnisses. In vielen Wellnessangeboten wird darauf hingewiesen, dass sie dazu dienen sollen, sich selbst zu finden. Anscheinend müssen viele Leute erst einmal alle ihre Körperteile finden, die jahrelang unter dickem Gebüsch verborgen waren. Mit dem, was sie dann finden, sind sie manchmal nicht zufrieden. Manche sind so unzufrieden, dass sie dem Wildwuchs rund um die weiblichen Feuchtgebiete ein ganzes Buch widmen. Selbst Plopp hat davon gehört. Mit Haaren kennt sie sich schließlich aus.

»Warum lassen sich Menschen, die mit ihren Genitalien optisch nicht zufrieden sind, nicht einfach einen kleinen Bart stehen? Oder tragen eine Schamhaarlangfrisur?«, schlägt sie vor. Die pragmatische Plopp! Natürlich wäre das eine Lösung. Aber mir scheint, darum geht es gar nicht. Vielmehr wollen die Menschen einem aktuellen Idealbild entsprechen, von dem sie glauben, dass es das gibt. Und es ist ihnen völlig Wurst, ob sie die dazugehörigen Kriterien erfüllen.

Tscheer gibt mir indirekt recht.

»Einerseits sind die Menschen alle ziemlich ähnlich, andererseits gibt es wiederkehrende Unterschiedlichkeiten. Deshalb hat man in der Medizin immer versucht, die Menschen zu sortieren. Ein Beispiel ist die Körpertypologie des Psychiaters Ernst Kretschmer aus den Zwanzigerjahren: Athletiker, Leptosome, Pykniker.«

»Picknicker?«, hakt Plopp nach.

Ich bin mir nicht sicher, ob es ein Scherz sein soll.

»Es gibt dünne Leute wie Plopp, es gibt mittlere Leute wie mich und …«, Tscheer sieht mich an, »und es gibt pummelige Leute. So wie dich, Watte.«

»Ich bin nicht pummelig«, sage ich. »Ich bin vollschlank.«

»Kretschmers Körpertypologie gilt sowieso als überholt, begegnet einem aber immer wieder«, fährt Tscheer fort.

»Wieso überholt?«, fragt Plopp.

»Weil er damit das Auftreten psychischer Krankheiten verbunden hat. Schizophren, Epileptiker, manisch Depressive.«

»Wir hatten mal einen Epileptiker in der Familie«, erinnert sich Plopp. »Ist zweihundert Jahre her. Danach wurde schnell bürgerlich geheiratet, dann war es wieder weg.«

»Nach Kretschmer müsste der Vorfahr etwas kräftiger gewesen sein und nicht so ausgesehen haben wie die dünnen Gerippe, die bei euch in Öl an der Wand hängen«, wende ich ein.

»Die Menschen sind nicht alle gleich«, empört sich Plopp. »Jeder Mensch hat das Recht, so wie er ist, in Frieden und glücklich auf der Welt zu sein.«

»Ja«, sagt Tscheer. »Aus dir ist trotz deines Stammbaums eine ordentliche Demokratin und Weltbürgerin geworden.« Manchmal geht mir Tscheer auf den Wecker. Und zwar nicht erst, seit sie mich als pummelig enttarnt hat.

»Wir haben über haarlose Körper gesprochen, von erwachsenen Menschen, die nackt so aussehen wie sehr große Kinder«, erinnere ich. »Und wir fragen uns, zumindest Plopp und ich, warum sich die Menschen so bescheuert verhalten.«

»Keine Ahnung«, lenkt Tscheer ein. »Tatsache ist, dass die Medizin eine Erfahrungswissenschaft ist. Informationen werden eingesammelt und verarbeitet, und zwar nach einem ziemlich schlichten Muster. Das heißt für die Anamnese: Häufig ist häufig, selten ist selten. Ein Beispiel: Männer haben meistens einen mittelgroßen Pimmel. Das ist häufig. Winzigkleine oder riesengroße Pimmel sind selten. Wenn ein Mann gar keinen Pimmel hat, ist es eine Frau.«

»Sehr lustig«, gähnt Plopp. »Jetzt mal ein richtiges Beispiel.«

»Okay«, sagt Tscheer. »Schnupfen ist häufig, Lungenentzündung ist selten. Als Arzt suchst du immer nach der ersten Annahme. Und erst wenn die falsch ist, nach der nächsten.«

»Echt, so gehen Ärzte vor?« Plopp ist fassungslos. »Natürlich«, sagt Tscheer. »Der Arzt guckt dich an und sieht: Dünn. Dann schaut er in die Anamnese und liest: vier Kinder. Dann guckt er auf das Alter und sagt: Wechseljahre, Osteoporose, wahrscheinlich später Gicht.«

»Aber ich blute noch regelmäßig«, beteuert Plopp.

»Egal«, sagt Tscheer. »Und du, Watte: Übergewicht, Stress. Cholesterinwerte müsste man prüfen, Leber, na, ja, du bist die Kandidatin für Schlaganfall, Diabetes und Hörsturz.«

Vielen lieben Dank.

»Und du, Tscheer?«, fragt Plopp leise.

»Tja«, sagt Tscheer. »Idealgewicht, keine Beschwerden, kontrolliert, alles in Ordnung. Ich bin eine Krebskandidatin.«

Es ist nicht immer lustig mit uns dreien … Aber ich will eine Antwort.

»Warum rasiert sich jeder Depp die Muschi oder den Sack, auch wenn sie ›selten‹ veranlagt sind?«

Überraschenderweise gibt Plopp die Antwort.

»Ich glaube, weil die Leute gesund sind oder sich gesund fühlen, wenn sie irgendetwas tun, was alle tun. Das Ideal unserer Zeit ist Öffentlichkeit. Wir leben doch in einer Zeige-Gesellschaft. Jeder zeigt alles von sich, und es gibt keine Intimitäten mehr.«

»Was ist denn daran gesund?«, frage ich.

»Sei nicht so moralisch«, weist Tscheer mich zurecht. »Erstens ist das Plopps Spezialität und zweitens …«

»Zweitens?«, muss ich nachhaken, weil Tscheer schweigt und verschmitzt grinst.

»… finde ich das meistens sexy.«

»Das lassen wir jetzt mal so stehen«, sagt Plopp vornehm.

»Stehen lassen find ich gut«, grinst Tscheer.

Sie ist einfach unmöglich!

Man muss dazu sagen: Tscheer hat ein großes Talent dazu, ihre patenten, liebenswerten und mitunter bezaubernden Wesensmerkmale unter einer rosenstolzen Wehrhecke zu verbergen. Eine Eigenschaft, die so mancher, der sie nicht besser kennt, als Arroganz missdeutet. Plopp und ich haben im Laufe der Jahre herausgefunden, wann sich diese Wehrhecke öffnet, und sind daher einigermaßen tolerant.

Typisch dafür ist die Geschichte mit dem Gemälde, auch wenn die alles andere als lustig begann. Vielmehr als sehr trauriges Weihnachtsfest auf Ploppenburg: Plopp war damals schon lange verheiratet, und zwar mit Holger, einem Ingenieur namens Müller. Er war einer dieser ernsthaften jungen Männer, die Plopp immer gleich heiraten wollten. Das führte zu der Geburt ihres ersten Sohnes und dazu, dass sie in Ernährungswissenschaft nur bis zum vierten Semester kam. Klein Georg (Sebastian Cornelius Müller) schlief den gerechten, aufgeregten Weihnachtsschlaf eines Fünfjährigen, Caroline (Katharina Maria Müller) war gerade ein halbes Jahr alt.

Ich war nach einem heftigen Familienstreit am späten Heiligen Abend dorthin geflohen. Die Diskussion beim Braten war eskaliert, weil ich meinen Eltern trotz eines guten Studienabschlusses nicht hatte erklären können, wie ich mir meine Zukunft vorstellte. So hatte ich unter anderem zu hören bekommen, dass ich »in diesen sozialistischen Kifferkreisen« wohl meinen Verstand verloren hätte.

Tscheer kam nach, und wir erlebten sie erstmals wirklich angegriffen und etwas weniger strahlend. Ein Typ, dem sie gerne etwas bedeutet hätte, den sie aber wohl zu häufig hatte stehen lassen, war mit einer Abfuhr als Weihnachtsgeschenk aufgetaucht. Das hätte sie wohl verkraftet, aber seine Erklärung nicht. Sie sei »eine Messalina aus dem Vorgebirge«, so hatte er sein Präsent verziert. Bei »Messalina« musste Tscheer kurz nachdenken. Der Rest der Ansprache aber war klar verständlich: »Du bist kalt und oberflächlich und geschmacklos. Wo andere ein Herz haben, hast du einen Kieselstein.«

Plopps Eltern waren in dem Jahr kurz nacheinander verstorben. Holger war nicht da, er war »auf Arbeit«, als Springer – auch »Feuerwehrmann« genannt – eines großen Statikbüros. Plopp heulte herzerweichend.

»Holger ist bei den Scheichs, in Dubai. Die haben etwas Großes vor. Ein Hotel, das aussieht wie ein überdimensionales Segel oder so ähnlich.«

Wir lagen auf den Sofas in der großen Halle mit einem riesigen Weihnachtsbaum. Im Kamin, über dem ein gigantisches Marienbild hing, brannte ein offenes Feuer. Doch die wohlige Atmosphäre konnte nicht über die tragische Stimmung hinwegtäuschen.

»Ausgerechnet an Weihnachten sitzt er bei den Scheichs und rechnet! Nur wegen dem blöden Geld.«

Ahnungslos warf ich ein: »Aber du hast doch Ploppenburg.« Plopp bekam einen Heulkrampf.

»Ploppenburg ist doch das Problem!«, schluchzte sie. »Wie sollen wir das hier finanzieren?«

»Und das Erbe? Und deine Brüder?«

Plopp hat drei ältere Brüder. Einer ging »in die Verwaltung«, einer wurde Jurist, einer wählte das Militär.

»Die Jungs haben dies und das und ein paar Antiquitäten und ein bisschen Bargeld bekommen. Ich habe Ploppenburg geerbt. Schuldenfrei. Aber die Bude bricht mir unter dem Hintern zusammen. Das Dach, die Heizung, die Rohre …«

Einige Jahre zuvor hatte Plopps Vater einen Installateur kommen lassen, nachdem er jahrzehntelang selber Hand angelegt hatte. Schweigend hatte sich der Installateur alles angesehen und war dann einfach nicht wiedergekommen.

»Scheint so, als hätten dich deine Brüder ganz schön verarscht. Die sind froh, dass sie aus der Nummer raus sind«, fasste Tscheer in grobem Ton zusammen.

»Wenn ich hier wenigstens etwas verkaufen könnte.« Plopp schnäuzte in ein Taschentuch mit den Initialen ihrer Mutter. »Aber ich werde ja nicht mal einen Acker los.«

»Ja, das sieht nicht gut aus«, sagte Tscheer, kalt wie ein Skalpell. »Kein Bauerwartungsland, kein Industriegebiet, kein Autobahnanschluss, da kriegst du nichts für.«

Messalina, dachte ich für mich, Messalina war gar kein so unpassender Name für Tscheer.

»Ich würde hier umbauen.«

»Klar, auch ich würde hier umbauen, aber womit?«

»Irgendetwas wird es hier doch zum Verticken geben.«

Tscheer stopfte uns ein Pfeifchen, nachdem wir zwei asbachuralte Rotweine aus einer Kellerecke als ungenießbar aussortiert hatten. Caroline lag friedlich nuckelnd in ihrem Laufställchen und hatte zu dem Thema nichts zu sagen.

»Mein Bruder will mir die Maria abkaufen.«

»Welche?«, wollte ich wissen.

»Welcher?«, wollte Tscheer wissen.

»Der Jurist. Die über dem Kamin. Hat meine Mutter mit in die Ehe gebracht, die wird immer an die erste Tochter vererbt, also an mich.«

Auf die Frage, was er dafür geboten habe, nannte Plopp einen fünfstelligen Betrag.

»Na, ja«, sagte Tscheer, »das wäre doch wenigstens etwas. Sei froh, wenn du das üppige Monster los bist. Dass so fette Weiber mal modern waren! Unvorstellbar. Ich frage mich nur, wo der den Schinken in seinem Reihenhäuschen aufhängen will.«

»Meine Mutter hat gesagt, die Madonna würde mich immer beschützen«, heulte Plopp. »Ich hänge an dem Bild.«

»Du hängst an allem. Du musst jetzt realistisch sein.« Tscheer war an diesem Abend unerträglich.

Ich war aufgestanden und betrachtete den Schinken.

»Es ist ja nicht so, als hätte ich Ahnung, aber das Bild ist alt und sehr gut erhalten. Diese Art der üppigen Madonna ist typisch für eine bestimmte Epoche.«

»Für welche Epoche denn?«, fragte Tscheer.

»Wenn ich es wüsste, würde ich es sagen«, antwortete ich verstimmt. Ich kann es nicht leiden, auf eine Schwäche hingewiesen zu werden, die ich bereits eingestanden habe.

»Jedenfalls, das mit dem blauen Mantel war teuer … allein von der Farbe her.«

»All you can ever count on are the raindrops that fall on little girl blue«, sang schwermütig Nina Simone, die sich gerade auf dem Plattenteller drehte.

»Ach«, sagte Tscheer und strich über ihre dazumal topmodischen Bundfaltenjeans, »Blau war mal teuer?«

»Ja«, sagte ich und wurde immer gewisser. »Das gehört in eine Tradition … oder eine Malschule … also, das ist mit Sicherheit bekannt und selten. Außerdem ist es sehr groß.«

»Du meinst, es gibt auch bei Bildern einen Quadratmeterpreis?«

Tscheer wurde aufmerksam. Wir näherten uns einem Gebiet, auf dem sie sich auskannte. Zum Spaß hat sie einmal den Kilopreis von Lippenstift ausgerechnet und kam auf eine horrende Summe.

»Wenn das nicht irgendwer vor x Jahren kopiert hat«, fuhr ich fort, »müsste man an den Betrag mindestens eine Null dranhängen. Plopp, du solltest das von einem Gutachter schätzen lassen.«

Tscheer war auf einmal hellwach.

»So läuft der adlige Hase«, erklärte sie putzmunter. »Dein lieber Herr Bruder kommt billig an das Bild und lässt es dann hinter deinem Rücken versteigern.«

»Sprich nicht so von meinem Bruder!«

»Wir sprechen auch nicht mehr *mit* deinem Bruder. Wir sprechen mit der Bank.«

Tscheer wandte sich fröhlich zu mir.

»Ich habe keine Ahnung, ob du Ahnung hast, aber du hast mich überzeugt. Und genauso überzeugen wir jeden Banker. Wir besorgen einen Gutachter und beleihen das Bild.«

»Der Gutachter kostet auch Geld«, zweifelte Plopp.

Tscheer beruhigte sie: »Ach was, dafür wird der Kies schon reichen.«

Schon damals, lange bevor das Modewort Wirtschaftskrise durch die Gazetten geisterte, begriff ich: Wellness ist nicht nur die Abwesenheit von Krankheit. Wohlfühlen geht los mit der Abwesenheit von Geldsorgen. Dagobert Ducks Bad im Geldspeicher voller Golddukaten macht zwar vielleicht nicht so schön wie ein Bad in Eselsmilch, aber bestimmt gute Laune. Womit ich nicht sagen will, dass Geld glücklich macht. Aber wenn man rein theoretisch den ganzen Tag Zeit zur Entspannung hat, weil man überraschend aus dem Job rausgeschmissen wurde, fehlt meiner Meinung nach jegliche Grundlage für Wellness. Hartz IV ist schließlich keine aus Baumflüssigkeiten gewonnene Gesichtspflegecreme.

Nach diesem Gespräch bauten wir um: Mithilfe von Klein Georgs Malblock verlegten wir den Haupteingang auf die Rückseite, bauten fünf Reihenhäuser in den Stall und ließen Plopp ins Gesindehaus umziehen. Das bekam eine etwas kleinere große Halle, denn irgendwo musste ja die üppige Madonnen-Maria hin. Wir vermieteten das Haupthaus an eine Firma zur Mülltrennung – das kam damals in Mode –, überlegten, wo die Kinder der künftigen Reihenhausbesitzer ihre Fahrräder abstellen könnten, und bauten für Plopp ein neues Gewächshaus, denn das Gelände des alten Orchideenhauses brauchten wir für den Parkplatz des Entsorgungsunternehmens.

Wir waren ganz sicher, dass alles ungefähr so kommen würde.

Dann wachten wir wieder auf: Tscheer lag auf einem der Sofas und ich im Laufställchen. Plopp stand mit heißem Kaffee in der Tür. Klein Georg forderte zeternd einen neuen Malblock. Das war das letzte Mal, dass wir kifften ...

»Also ...« Tscheers bestimmter Tonfall holt mich zurück in das Jetzt, auf Tscheers Terrasse, zur Operation Kunstbräunung. Sie legt den Rasierer weg, immer noch in Rage. »Warum hast du dich nicht rasiert?«

Plopp seufzt.

»Sorry, ich habe nicht dran gedacht. Ich habe ganz andere Sorgen. Die Mülltrenner haben nicht verlängert. Der Mietvertrag läuft demnächst aus ... Der Grüne Punkt wird abgeschafft.«

Das ist natürlich bitter. Wir hatten alle große Hoffnung in das Mülltrennen und das dazugehörige Umweltbewusstsein gesetzt. Theoretisch zumindest. Praktisch war ich offen gestanden nie dabei. Ich hatte nie eingesehen, warum ich als Freiberuflerin einen Teil meiner Freizeit kostenlos in das Spülen von Joghurtbechern investieren sollte, damit andere Leute mit dem Recycling der von mir gespülten Becherchen Geld verdienen.

»Schlimm«, sagt Plopp, »aber noch schlimmer ist, dass ich noch keinen neuen Mieter für das Haupthaus habe.«

Tscheer beschäftigt sich mit der Sprühdüse und spricht ihre Gedanken aus:

»Das ist natürlich blöde. Versicherungen, Immobilenfuzzis und Anlageberater kann man zurzeit als Mieter vergessen.«

Wie kann man nur so sachlich sein!

HAARE LASSEN ODER LASERN?

Tscheer: Lasern! Zumindest wenn man grundsätzlich über eine starke Behaarung verfügt und es sich leisten kann. Wer die mehrtägige Prozedur mit Disziplin über sich ergehen lässt, ist nach fünf, sechs Sitzungen mit der Nummer durch.

Plopp: Viele Frauen rasieren sich die Beine. Dabei gibt es immer eine Streitfrage: Soll man von oben nach unten rasieren oder von unten nach oben? Denn beim Nachwachsen gibt es ja immer kleine Stoppeln, die sich in der einen Richtung sanft anfühlen und in der anderen eben stoppelig. Mein Rat: Bei verschiedenen Gelegenheiten überprüfen, in welcher Richtung die geliebte Person häufiger streichelt – von oben nach unten oder von unten nach oben? Und entsprechend rasieren.

Watte: Will man einen Verehrer wirklich loswerden, muss man ihn nur mit einem ausführlichen Bericht über die Möglichkeiten des Haarentfernens bedenken. Angefangen vom Epilieren bis zum Auftragen des heißen Wachs samt Haareabreißen, ohne die Haut mitzunehmen. Für einen endgültigen Trennungsstrich muss man nur behaupten, man habe sich die Achselhaare mit seinem Rasierer entfernt.

»Dann muss man sich eben etwas Neues einfallen lassen. So und jetzt halt still.«

Sie sieht mich an.

»Kompressor!«

Dann beugt sie sich mit Sorgfalt und Sprühdose hingebungsvoll über Plopps Beine. Tscheer sieht immer gut aus. Aber wenn sie »operiert«, umgibt sie eine besondere Grazie. Die Schönheit der Konzentration.

Männer im Wellnessland

Mein Verbündeter in Gewichtsangelegenheiten – sprich abnehmen und Gewicht halten, Gewicht reduzieren, Diäten diskutieren, Alternativen suchen, die Hoffnung nicht ganz aufgeben, einen letzten Weg immer noch für möglich halten – ist Wolfgang, Tscheers Mann. Und da die Küche das Herz jeder Party ist, haben wir beide uns dort einquartiert. Am geöffneten Fenster stehend, höre ich Tscheers Stimme aus dem Garten:

»Hast du Wolfgang gesehen?«

»Der ist mit Watte in der Küche«, sagt Plopp. »Die beiden unterhalten sich prima.«

»Das kann ich mir vorstellen«, sagt Tscheer. »Wahrscheinlich haben sie gerade den Kühlschrank gefunden.«

Das ist richtig, aber gemein! Deswegen lehne ich mich aus dem Fenster und winke drohend mit einem Löffel, an dem noch ein Klecks Mousse au Chocolat hängt. Tscheer und Plopp springen, angemessen empört kreischend, zur Seite.

Wolfgang ist ein beleibter Mann, um es einmal so auszudrücken. Nicht unbedingt dick, aber zur Fülle neigend. Also gerade so üppig, dass er sich noch einreden kann, es brauche nur ein wenig Disziplin, um die persönliche Idealform zurückzugewinnen. In diesem Punkt haben er und ich praktisch identische Vorstellungen, die allerdings gleichermaßen unrealistisch sind.

Wenn man Wolfgang mit einer Farbe beschreiben wollte, dann wäre es Weiß. Schließlich ist er Zahnarzt. Und er ist verantwortlich für weiße Zähne, trägt weiße Kittel, und er weiß genau, dass es für seinen Job völlig in Ordnung ist, kein Klischee auszulassen. Deswegen pflegt er »weißen« Sport, das heißt Tennis und Golf, und fährt natürlich einen weißen SUV. Manche sagen, das Buchstabenkürzel stehe für Sports Utility Vehicle, ich aber glaube, die Initialen stehen für Sehr-Unsinniges-Vehikel. Denn was will man mit einem Geländewagen, der nicht geländetauglich ist? Und für eine Limousine sind diese Monster einfach zu groß geraten. Böse Zungen behaupten, Wolfgang sei genauso oberflächlich wie seine Frau.

Umso erstaunlicher ist, dass er sich auch mit »Weiß-Ware« auskennt, wie der Fachbegriff für elektrische Küchengeräte lautet. Daran ist Tscheer nicht ganz unbeteiligt. Denn nach der eiligen Eheschließung und der voreiligen Geburt der Zwillinge stellte sie ihm ihre Überforderung derart glaubwürdig dar, dass er sich enorm ins Zeug legte und ein moderner Mann wurde, der kochen, backen, waschen und trocknen kann – natürlich mithilfe von Geräten.

Wolfgang und ich stehen also gerade vor dem Kühlschrank, und ich lausche einem interessanten Vortrag über die Entwicklung von Küchengeräten und darüber, wie sehr sie dem Hausmann die Arbeit erleichtern. Natürlich zulasten des Kalorienumsatzes, des »persönlichen Brennwertes«. Einmal Kaminholz hacken »verbrennt« laut Wolfgang eine Currywurst, wohingegen einmal Heizung andrehen höchstens ein halbes Salatblatt abfackelt.

»Omas alte Nähmaschine war so gesehen eine Art Heimtrainer«, überlege ich. »Auch die Kaffeemahlmaschine ist heute elektrisch. Bei vielen ersetzt durch blasierte Elite-Chrom-Espresso-Maschinen.«

Ich erinnere mich:

»Plopp hat eine Handkornmahlmaschine.«

»Weil Plopp ein Öko ist«, sagt Wolfgang.

»Nein«, widerspreche ich, » weil Plopp Bewegung gesund findet und glaubt, dass es für das Korn auch besser ist.«

»Eine von euch dreien spinnt immer«, sagt Wolfgang liebevoll. »Wenn es nach mir ginge, dann hätte ich so einen japanischen Hausroboter. Ich würde ihn programmieren auf Frühstück, Sachen aufheben, Geschirrspülmaschine ausräumen. Das fände ich toll.«

»Dann bewegt man sich doch gar nicht mehr«, gebe ich zu bedenken.

»Ist doch egal«, findet Wolfgang. »Dann mache ich in der Zeit halt Klimmzüge.«

Bei der Vorstellung, dass Wolfgang Klimmzüge macht, hat man ein wenig Mitleid mit der Stange.

Mir fällt mein letzter Bahnhofsbuchhandlungsbesuch ein: »Es gibt jetzt ein Werk, das heißt ›Schlank durch Putzen‹.«

»Das ist aber nichts für Männer«, wendet Wolfgang ein.

»Schlank durch Sex?«, schlage ich vor.

»Wie kommst du denn darauf?«, wundert sich Wolfgang. »Ich meine doch etwas ganz anderes. Männer haben es gerne, wenn Dinge dank technischer Überlegenheit von allein geschehen.«

Das erläutert er mir am Beispiel des besagten Kühlschranks mit einem kurzen Umweg über Energieeffizienzklassen und darüber, wie schön sich das alles doch unter Umweltaspekten entwickelt hätte, bis hin zu den Vorteilen der Abtauautomatik. Das sei so etwas, was Männer lieben: wenn sich eine Sache von selbst erledigt. Nur auf das Prädikat »antibakteriell« könne man sich überhaupt nicht verlassen. Das sei völliger Käse, wenn es schimmele, schimmele es, und wenn es keimfrei sein solle, müsse man auch einen modernen Kühlschrank einmal im Monat gründlich sauber machen. Der moderne Mann setze auf Hygiene.

Danach unterhalten wir uns über die Montignac-Diät, immerhin befinden wir uns ja gerade auf einer Party. Wolfgang gibt zu bedenken, dass es, insbesondere für den Mann von Welt, ein großes Problem sei, sich in irgendeiner Form an Ernährungsrichtlinien zu halten, weil er ja immerzu irgendwo eingeladen werde und ständig diesen Versuchungen ausgeliefert sei, die da heißen: Arbeitsessen, Geschäftsessen, Dienstessen, geschäftliches Abendessen oder Party – und man ja niemanden durch Nichtessen beleidigen darf.

Monsieur Montignac wurde als fetter Sohn eines fetten Vaters geboren. Dann studierte er Chemie, machte erst Karriere und später sich Gedanken. Seine größte weltanschauliche Leistung ist es, dass er gute und böse Kohlenhydrate entdeckt hat. So gelangte die Moral in die Küche.

Wer sich für Details interessiert, kann es hier oder bei Herrn Montignac persönlich nachlesen. Und wem der ehedem fette Franzose egal ist, sollte Wolfgangs Vortrag einfach überspringen (weiter auf Seite 104) …

»Montignac ist der Überzeugung, dass vor allem ein Faktor für die Gewichtszunahme verantwortlich ist: die übermäßige Ausschüttung von Insulin. Die daraus resultierende Hypoglykämie (Unterzucker), so die Theorie, habe einen wesentlichen Anteil an der Fettanlagerung, da sie dem Körper einen Nahrungsmangel signalisiere, auf den dieser mit Fettanlagerung reagiere. Ein perfektes Beispiel dafür, dass ›gut gemeint‹ das Gegenteil von ›gut‹ ist. Bleibt der Insulinspiegel jedoch konstant niedrig, wird die aufgenommene Nahrung vollständig verbrannt, und es kann Fett abgebaut werden.«

Robert, der eine Zwilling, spaziert in die Küche, um ein Blech aus dem Ofen zu zerren, auf dem köstlich duftende Teigtaschen liegen, die mit irgendwelchen Fleischelementen gefüllt sind. Also praktisch Frikadellchen, in diesem Fall mit Brötchen außen rum.

»Finger weg!«, befiehlt mir Robert, der seinen taschengeld-aufbessernden Job als Aushilfscaterer offenbar verdammt ernst nimmt.

Wolfgang stimmt ihm zu. Allerdings aus anderen Gründen. Er referiert: »Aus Sicht Montignacs sind die typischen Ernährungs-gewohnheiten in den Industrieländern problematisch, da viele Lebensmittel den Blutzuckerspiegel zu schnell und zu stark erhö-hen. Das wiederum führt zu einer raschen Ausschüttung von Insu-lin, weil viele Lebensmittelprodukte große Mengen Zucker, vor allem Glukose und Saccharose, enthalten. Außerdem wurden im Laufe der landwirtschaftlichen Industrialisierung – mit Blick auf höhere Erträge und einfacheren Anbau – viele Lebensmittel gene-tisch so verändert, dass sich ihr Ernährungswert verschlechtert hat.«

»Was hat das mit den Teigtaschen zu tun?«, will Robert wissen. »Die sehen doch lecker aus.«

»Schlechte Kohlenhydrate sind da drin … Die erhöhen den Blutzuckerspiegel.«

»Aber doch auch Fleisch.«

»Richtig. Und Fett.«

»Ja, und?«

Erneut möchte ich Wolfgangs ausladende Antwort lieber auf ihre Quintessenz reduzieren – Zeit ist schließlich ein Wellness-faktor. Auch Robert scheint das schon zu wissen, denn er ergreift hastig die Flucht, bevor sein Vater dozieren kann.

»Generell muss bei der Montignac-Methode weder auf Eiweiß, Fett noch Kohlenhydrate verzichtet werden. Allerdings werden Kohlenhydrate in ›gute‹ und ›schlechte‹ eingeteilt, wobei die schlechten – welch Wunder! – zu meiden sind.«

Entrüstet über diese Diskriminierung, esse ich als Zeichen mei-ner Solidarität eine Teigtasche, während Wolfgang fortfährt.

»Die Einteilung in ›schlechte‹, ›gute‹ und ›sehr gute‹ Kohlen-hydrate erfolgt anhand des Glykämischen Index (GI). Dieser gibt an, wie viel Prozent des Stärkegehalts eines Nahrungsmittels ins Blut gelangt, wobei die Glukose mit hundert Prozent als Maßstab dient. Je höher der GI, desto höher steigt der Blutzuckerspiegel an – und desto mehr Insulin wird freigesetzt. Einige Werte sind in einer GI-Liste erfasst. Zudem soll auf die aus Sicht der Montignac-Methode ›richtige‹ Kombination von Kohlenhydraten mit fetthaltigen Lebensmitteln geachtet werden. Fett senkt nämlich, ebenso wie Ballaststoffe, den GI.«

»Dann sind Teigtaschen doch perfekt.«

Ich klopfe mir die Krümel vom Dekolleté.

»Nein! Auch die Zubereitung spielt eine Rolle. Fleisch im Brotmantel geht gar nicht.«

»So, so«, murmele ich mit vollem Mund. »Was geht denn?«

»Traubenzucker, Weißbrot und gekochte Karotten. Die haben einen hohen GI. Einen mittleren haben Vollkornbrot, Haferflocken und Obst. Einen niedrigen GI haben viele Gemüsearten und Hülsenfrüchte, aber auch Fette.«

Traurig greife ich nach einem Selleriestängel, tauche ihn in einen Magermilch-Joghurt-Dip und fasse zusammen, was ich gelernt habe:

»Das Ergebnis dieser Betrachtungen ist – jedenfalls nach meiner vulgärmedizinischen Auffassung –, dass der Mensch heutzutage nicht zu viel frisst, weil er unkontrolliert isst, charakterschwach ist oder eine schlimme Kindheit hat. Sondern der Mensch wiegt, was er isst, weil er ein Opfer seines Insulinausstoßes ist …«

»Genau«, sagt Wolfgang und schielt auf die duftenden Teigtaschen. »Die Sache ist ganz einfach: Wenn du böse Kohlenhydrate zu dir nimmst, also Weißbrot, Toastbrot, Dönerbrötchen oder …« Er macht eine dramaturgische Pause, um mich mahnend anzusehen. »… Teigtaschen, dann werden die schnell vom Körper resorbiert, und der Insulinspiegel steigt schon binnen kürzester Frist wieder an – und du willst gleich wieder etwas essen. Es liegt also gar nicht daran, dass ich einen Big Mac gegessen habe, sondern es liegt am Insulin, das meinen Körper zur erneuten Nahrungsaufnahme nötigt.«

Wir beide freuen uns natürlich tüchtig, dass wir als chronisch mit der Grenze des Übergewichts Kämpfende einen Schuldigen gefunden haben: Insulin.

»Dann habe ich meinem inneren Schweinehund ja ganz schön unrecht getan«, sage ich und greife nach einer Teigtasche, »denn ich dachte die ganze Zeit, der sei der Übeltäter!«

»Natürlich ist der Mensch, was er isst. Aber der Mensch ist außerdem das, was er verbraucht. Und da muss ich dir ganz ehrlich sagen: Das Leben ist heutzutage für uns Männer, für den Jäger in uns, einfach nicht mit genug Abenteuern versehen, die es rechtfertigen, dass wir halbe Brote und ganze Schweine in uns hineinstopfen. Weißt du, wenn wir schon Diät machen, dann wollen wir eine Männer-Diät! Da müssen ein paar unvernünftige Sachen drin sein, irgendwas Ungesundes, was Spaß macht, ein Glas Rotwein und vor allem Fleisch!« Er grinst mich an. »Trennkost und Glücksdiät und Körnchen und Sprossen, all diese Sachen – das ist was für euch Mädchen … Wir Männer brauchen was Richtiges. Das muss sinnlich und sexy sein.«

»Sexy, so, so«, sage ich und denke daran, dass Essen manchmal nicht sexy ist, sondern Sex ersetzt. Schokolade und der darin enthaltene Glücksbotenstoff Serotonin zum Beispiel. Auch wenn bedauerlicherweise ein bisschen zu wenig davon in einer Tafel steckt, um den Gipfel der Genüsse zu erleben. Deswegen muss man sofort mehrere Tafeln essen … Das führt dann auch zu einem Höhepunkt der Erregung, aber erst, wenn man das nächste Mal auf die Waage steigt.

»Das Hauptproblem für uns Männer ist«, setzt Wolfgang an, als könne er Gedanken lesen, und schlägt sich dabei mit beiden Händen auf die Wampe, »… in Form zu bleiben … Auch dafür.«

Ich mache »Mmmhmmhhh«, denn bei dem delikaten Thema verhalte ich mich lieber reserviert.

Doch Wolfgang bleibt dran:

»Der Mann an sich hat nur zwei Problemzonen. Den Bauch und die Region darunter.«

»Ich weiß«, kommentiere ich leichtsinnig. »Die eine Region kann nicht klein genug und die andere nicht groß genug sein.«

»Richtig!« Wolfgang freut sich. »Und du … ach was, alle Frauen, ihr macht euch ja überhaupt keine Gedanken, was für ein Problemhuber unser kleiner Willi ist!«

Ich gebe zu, dass ich mir darüber wirklich wenig Gedanken gemacht habe. Wolfgang bemerkt, dass mein Glas leer ist, und schenkt uns beiden nach.

»Neulich hatte ich den Schreck meines Lebens. Ich habe auf meinem Pimmel einen schwarzen Punkt entdeckt.«

Du lieber Himmel. Bevor ich nun etwas Falsches sage, sage ich lieber nichts.

»Es war ein Fussel von meiner Unterhose.«

Jetzt bin ich wirklich erschüttert.

»Du trägst schwarze Unterhosen?«

»Ja«, gibt er zu. »Im Sportstudio.«

Das wird ja immer besser.

»Im Sportstudio!?«

Der weiße Wolfgang in schwarzen Unterhosen im Sportstudio!

»Du kennst doch Men's Health?«

Klar kenne ich dieses Testosteron-Magazin. Liegt bei Wolfgang im Wartezimmer. Ich habe das Heft gründlich studiert. Normalerweise lese ich es nur wegen der Bilder, an dem Tag aber, um zu erfahren, was den Mann von heute bewegt. Die Problemzonen der Frau sind, so suggerieren es zumindest unzählige Fitnessvideos: Bauch, Peine, Po. Die klassische Problemzone des Mannes hingegen liegt kurz unterhalb der Gürtellinie. Weiß ich aus Men's Health und vom Hörensagen. Zuletzt hier in dieser Küche. Dass Menschenmännchen – im Verhältnis zur Körpergröße – den größten Penis von allen männlichen Säugetieren haben, scheint sie nicht zu beruhigen. Denn was nützt der Vergleich mit dem nächstbesten Affen oder Pferd – Männer schielen lieber zum nächsten Rivalen in der eigenen Gewichtsklasse. Und als wären sie damit nicht schon gestraft genug, stehen Männer in der Ära der postfeministischen Gleichberechtigung zunehmend unter dem gleichen Leistungsdruck in Sachen Aussehen wie wir. Der Mann als Sexobjekt in Stripshows und Zeitschriften à la Playgirl – daran müssen sich die Kerls erst mal gewöhnen. Vor allem die, die bislang davon ausgingen, dass Geld allein (die Frau an ihrer Seite) glücklich macht. Zwar gibt es sie noch, jene Männermagazine, die unter »Enthüllungsjournalismus« verstehen, dass Frauen sich nackig machen, aber zunehmend widmen sich Männerzeitschriften dem immer gleichen Fragenkatalog: Wie bekommt Mann in kürzester Zeit einen Waschbrettbauch? Bin ich, wenn ich Männerkosmetik benutze, noch metrosexuell oder schon schwul? Mein Mitleid hält sich in Grenzen. Warum sollen die Jungs es besser haben?

Allerdings gibt es einen Unterschied: Auch wenn Men's Health eine Brigitte für Männer ist und im Prinzip dasselbe drinsteht (Was zieh ich an, bevor ich etwas ausziehe? Wie kriege ich ihn oder sie rum? Welche Gymnastik ist gut für mich? Was darf ich essen?), ist Men's Health einfach männlicher: Es wird erklärt, wie die Zusammenhänge funktionieren. So gab es zum Beispiel in dem von mir studierten Heft eine Anweisung für das erfolgreiche Betasten weiblicher Geschlechtsorgane. Ähnliche Hinweise gibt es zwar auch in Cosmopolitan und Co., nur dass die Sache dort nicht mithilfe von Explosionszeichnungen dargestellt wird. Eine Explosionszeichnung kennt Frau nur vom Beipackzettel des Ikea-Schränkchens, in welchem von der Mitte ausgehend aufgemalt ist, wie die Teile im fertigen Zustand zusammengehören. Doch die

Praxis zeigt: Irgendein Schräubchen steckt immer im falschen Schlitz.

»Männer sehen den Körper funktional«, sagt Wolfgang.

»Ich weiß«, antworte ich. »Männer gehen davon aus, dass ihr Körper funktioniert. Deshalb gehen sie auch nie zum Arzt und sterben sieben Jahre eher als Frauen. Frauen fühlen sich häufiger unwohl und gehen häufiger zum Arzt. Deshalb werden sie sieben Jahre älter.«

Wolfgang pariert:

»Ja, Frauen werden sieben Jahre älter. Aber was machen sie in der Zeit? Sie sitzen im Wartezimmer!«

Diskutieren macht Durst. Ich entdecke einen Designerkorkenzieher, der vor lauter Design kaum noch als solcher zu erkennen ist. Entweder ist der Korken zu dick, oder es liegt an diesem dämlichen Designerteil, jedenfalls muss ich kapitulieren.

»Mach du!«

Ich überreiche Wolfgang Flasche und Korkenzieher.

Wolfgang stellt sich deutlich geschickter an als ich. Er analysiert die formvollendete Funktionslosigkeit des Korkenziehers in Sekundenbruchteilen, trennt den Dorn des Schraubenziehers samt Griff von dem dekorativen Drumherum und betrachtet ihn anerkennend.

»Er hat eine Seele.«

»Wer?«

»Der Korkenzieher«, sagt Wolfgang. Er bemerkt meinen irritierten Blick und klärt mich auf. »Bei einem schlechten Korkenzieher ist ein Metallgewinde um einen Metallstab herum gefräst. Da kann man gleich eine Schraube nehmen.«

Woher weiß er das? In meiner Studenten-WG war der Korkenzieher eine Schraube, die an einem Band hing, das im Türrahmen befestigt war. Man drehte die Schraube in den Korken und hängte sich dann mit seinem 50-Kilo-Studentinnengewicht an die Flasche …

»Eine Seele hat der Korkenzieher, wenn das Metallgewinde um etwas Unsichtbares herum gewunden ist, um eine Seele eben. Dringt leichter in den Korken ein und hält besser.« Ungeachtet der poetischen Beschreibung wird der Teint seiner Wangen leicht rosig, während er die Flasche zwischen die Knie zwängt und den Korken nach oben zieht.

»So viel zum Thema ›starkes Geschlecht‹«, foppe ich ihn.

»Ach …«, macht Wolfgang, und im selben Augenblick macht es Plopp (der Korken natürlich!). »Das ist sowieso ein falsches Klischee. Nichts könnte weiter entfernt von der Wahrheit sein … Männer sind eher das kranke Geschlecht.«

Ich runzle die Stirn.

»Hast du eigentlich eine Vorstellung davon, wie anstrengend es ist, ständig den starken Mann raushängen lassen zu müssen?«

Ich ertappe mich dabei, wie mein Blick zu Wolfgangs Körpermitte abschweift. Gott sei Dank – der Reißverschluss ist zu. Wolfgang füllt die Gläser und sagt:

»Alle Kerle, die ich kenne, sind Schauspieler. Aber leider schlechte. Sie spielen ihrer Frau etwas vor, ihren Arbeitskollegen und sich selbst. Weil sie glauben, ständig Supermann sein zu müssen, bemerken sie gar nicht, wie es wirklich in ihrem Inneren aussieht. Beim Stichwort ›Burnout‹ denken die an durchdrehende Autoreifen. Und wundern sich dann, wenn sie eines Tages ohne Vorwarnung tot vom Bürostuhl fallen.«

Ich bin etwas irritiert. So viel Innenschau hatte ich Wolfgang gar nicht zugetraut. Ich dachte, seine Wahrnehmung der Welt fokussiere sich auf die makellose Brillanz von Keramik und sein aktuelles Handicap.

»Du hast vollkommen recht, Watte, Frauen sind im Allgemeinen gesünder, haben bessere Abwehrkräfte und eine höhere Lebenserwartung.«

Ist der etwa heimlich in einer Männertherapiegruppe?

»Dafür vertragt ihr mehr Alkohol«, tröste ich. »Auf dein Wohl!«
Wolfgang wirkt plötzlich so betroffen wie Peter Klöppel beim
Verkünden eines Flugzeugunglücks.

»Zwei Drittel aller Notfallpatienten und drei Viertel der Selbst-
mörder sind Männer«, sinniert er. »Im Geschlechtervergleich sterben vierzehnmal so viele Männer an Aids, viermal so viele an Lun-
genkrebs, dreimal so viele an Herzerkrankungen und doppelt so
viele an Leberzirrhose.«

»Ein Indianer kennt keinen Schmerz«, sage ich, um die Situation aufzulockern.

»Ja, mag sein … Aber mal ehrlich: Wie viele Indianer kennst
du?« In Wolfgangs Stimme schwingt Sarkasmus. »Statistik ist Statistik, aber der Einzelfall ist immer ein persönliches Problem.«

»Was ist denn los?«, frage ich, denn mir scheint da etwas im
Busch zu sein, und zwar kein Indianer.

»Nun ja, ich war neulich bei einem Check-up … und meine
Taille ist über 94 Zentimeter.«

Das ist unübersehbar und nichts wirklich Neues.

»Der Kollege hat gesagt, Taille über 94 bei Männern heißt Verfettung innerer Organe mit allen üblen Folgen für das Gesamt-
befinden. Und ein erhöhtes Risiko für Herz-Kreislauf-Erkrankungen.«

»Und bei Frauen?«, frage ich kleinlaut.

»Erhöhtes Risiko ab 80 Zentimeter Taillenumfang. Deutlich erhöhtes Risiko ab 88.«

Unweigerlich muss ich an die Teigtaschen denken. Böse Kohlenhydrate! Böse Teigtaschen! Plötzlich finde ich es politisch völlig
korrekt, sie zu diskriminieren.

»Ich will jetzt lieber fit sein«, sagt Wolfgang. »Wer weiß, was in
nächster Zeit auf mich zukommt …« Er sieht mich bedeutungs-
schwanger an. »Auch wegen Tscheer.«

Was soll denn mit Tscheer auf ihn zukommen? Will sie ihn zu

einer Fettabsaugung zwingen, wenn er es mit Willenskraft allein nicht schafft?

»Deshalb gehe ich jetzt ins Sportstudio und mache Bauch-weg-Training.«

»Darauf bist du durch Men's Health gekommen!«, argwöhne ich.

»Nein, natürlich nicht. So was weiß Mann doch! Dass man sich fit halten muss, für das persönliche und gesellschaftliche Wohlbefinden. Schmale Hüften, flacher Bauch wirkt bei Männern jung und sexy. Nur die besten Übungen dafür, die stehen eben im Heft.«

»Also doch …«, fordere ich ihn heraus.

»Da geht es ums Detail! Darum, jeden Muskel an der richtigen Stelle anzusprechen und zu entwickeln. Je mehr Muskeln, umso höher die Fettverbrennung.«

»Wie lange machst du das denn schon?«

»Vier Wochen«, sagt Wolfgang.

»Ich glaube, man sieht schon etwas«, sage ich und ernte ein stolzes Lächeln … (Egal, ob man etwas sieht oder nicht, an dieser Stelle muss gelobt werden. Denn die Überwindung des inneren Schweinehunds erfordert vom Laien meiner Meinung nach mehr Kraft als das Gewinnen einer olympischen Goldmedaille vom Profi!)

»Und das Ganze«, Wolfgang zwirbelt den Stil des Weinglases zwischen seinen Fingern hin und her, »führt natürlich dazu, dass Männer total auf sich achten und manchmal so ein bisschen … Tja, wie soll ich das ausdrücken?« Er blickt um sich, als wollte er sichergehen, dass wir auch wirklich alleine sind. »Pass mal auf!«, setzt er noch mal neu an und erzählt mir eine Geschichte. Vertraulich, versteht sich:

In seinem Golfclub hat er einen Kumpel, den Günter. Günter ist Installateur und insofern sein Lieblingskumpel, als der ungefähr dasselbe Handicap hat und nicht so viel quatscht. Aber Günter ist hypochondrisch veranlagt. Zum Beispiel übergibt er sich zwei Tage hintereinander und hat sofort Angst vor Magenkrebs, denn er hat von einer jungen Frau gehört, die auch nur ab und zu erbrochen hat und plötzlich die Diagnose Krebs bekam. Wenig später war sie tot.

Bei Schnupfen, Husten oder Niesen hat Günter Angst vor Aids, denn das Immunsystem scheint zu schwächeln.

Neulich hatte er ein Stechen in den Hoden. Er geht zu seiner Hausärztin, weil er fast vor Angst stirbt. Die findet nichts, aber Günter ist nicht beruhigt, denn er traut ihrem Urteil nicht. Was ist denn das für eine Ärztin, die nichts findet? Nichts finden, das kann er auch allein!

Also besucht er den Fachmann, einen Urologen. Der findet erst mal auch nichts, macht dann aber noch Ultraschall und entdeckt: Krampfadern in den Hoden. Eine Krankheit, von der bis dato nicht einmal unser internetbelesener Hypochonder etwas wusste. (Mit einem Schluck Wein spüle ich die naheliegende Frage hinunter: Wie klein müssen Hoden sein, damit man Krampfadern nur mit Ultraschall erkennt?)

Als Günter angstvoll nachfragt, versucht der Arzt, ihn zu beruhigen: Kein Problem, das haben 15 Prozent aller Männer. Nur wissen es die meisten nicht, da man es nur per Ultraschall und zufällig entdeckt. Es kann allerdings die Samenqualität beeinträchtigen. Egal, denkt der Hypochonder, denn er ist ja bereits mehrfacher Vater, und freut sich, als der Arzt vorschlägt, die Sache alle sechs Monate zu kontrollieren – aber seine Hausärztin weigert sich.

»Und jetzt«, sagt Wolfgang, »hat er bei seiner Hausärztin Hausverbot, weil die sich weigert, ihn noch einmal zu untersuchen. Der möchte aber unter allen Umständen, dass man etwas findet. Bekloppt, nicht wahr?«

Ich bin sicher, dass die Geschichte noch einen Höhepunkt hat.

Wolfgang grinst.

»Also kommt er zu mir in die Praxis und bittet mich, die Angelegenheit zu prüfen. Er ist kurz davor, die Hosen auszuziehen.«

»Was hast du gemacht?

»Ich habe ihm gesagt, ich würde die Sachen nur oral begutachten. Sagt Günter nach kurzem Zögern: Damit sei er einverstanden, wenn das so auch geht …«

Das Wohlbefinden ist offenbar eine höchst individuelle Sache und reicht von kompletter Hypochondrie bis zu einem für andere unsichtbaren Dreimillimeterbauchansatz. Auch bei Männern. Aber eins interessiert mich doch:

»Wenn jemand sein Leben lang unglaublich fett war und sich nun mit Ernährungsdisziplin einigermaßen in Form gebracht hat, ist das dann eine Garantie dafür, dass es ab jetzt statistisch normal läuft?«

»Eher nein, würde ich sagen. Die Tatsache, dass man etwas für sich selber tut, heißt ja noch lange nicht, dass es auch gelingt.« Und Wolfgang bringt eines seiner so anschaulichen Beispiele: »Wenn ich einen toten Zahn stabilisiere, dann kann das vier Wochen gut gehen, dann kann das vier Jahre gut gehen oder auch zwanzig Jahre. Und genauso ist das mit einer Ernährungsumstellung. Wenn ich vorher grandios fett war und bin dann einigermaßen normalgewichtig, dann verbessert das zwar die Prognose, aber es gibt keine Garantie für eine krankheitslose Zukunft.« Wolfgang schaut wie zur Beweisführung an sich herab. »Im Übrigen ist es ja wohl auch ein bisschen viel verlangt, von einer vernünftigen Idee gleich ein ganzes Heilsversprechen abzuleiten.«

»Der Mensch denkt eben gerne in ganzheitlichen Bezügen und hat am liebsten *eine* Lösung für *alle* Probleme.«

»Ja, die Leute denken auch, dass es nur *einen* Zahnarzt gibt, der für sie richtig ist.« Er zwinkert. »Gott sei Dank!«

Während wir das nächste Glas Wein leeren (Rotwein soll ja gesund sein für Herz und Gefäße), unterhalten wir uns über Herrn Strunz. Seines Zeichens Arzt und Sportler, der jahrzehntelang die Überwindung des Alters durch Sport propagiert hat, dann aber so unglücklich gestürzt ist, dass er vielleicht nie wieder richtig Rad fahren kann. Das muss für so einen Mann, der quasi Leitfigur und Vorbild in seiner Lehre war, eine besondere Bürde sein.

»Das Problem«, sagt Wolfgang, »habe ich als Zahnarzt auch. Aber das Risiko muss man eingehen, wenn man in bestimmten Dingen einzigartig sein will.«

Und ich dachte immer, das einzig Einzigartige an einem Mann sei sein ungetrübtes Selbstbewusstsein … Erst an dem köstlichen Duft, der mir in die Nase steigt, merke ich, dass Robert wieder in der Küche ist. Er zieht ein zweites Blech mit leckersten Schweinereien aus dem Herd. Tapfer blicke ich aus dem Fenster.

»Der Junge hat es gut«, sagt Wolfgang mit einem Blick auf den erstklassigen Body seines Sprösslings, in dem viele von Tscheers Genen stecken.

»Denkst du, Papa! Ist nicht alles ein Geschenk der Natur. Da steckt Arbeit dahinter. Mein Strunz heißt Heizmann, Patric Heizmann. Der erklärt die Sache nämlich mal richtig: dass der Körper ein Verbrennungsofen ist, den man mit den richtigen Sachen heizen muss.«

»Heißt der deshalb Heizmann?«, frage ich. Ich erinnere mich, den Burschen schon mal auf der Mattscheibe gesehen zu haben (eine Mischung aus Drillsergeant und Body-Sozialarbeiter und einmal als Ganzkörperpappkameraden in einem Verbrauchermarkt zwischen DVDs und Reinigungsmitteln.

»Dazu ein paar passende Übungen, dann kommt man …«

Robert richtet den Blick mit gespielter Demut zu Boden, »… gar nicht erst aus der Form.«

»Verschwinde!«, droht Wolfgang halbspaßernst, und der junge Dachs huscht lachend aus der Küche.

»Wenn das so einfach wäre! Du kennst doch auch diese Leute, die machen alles richtig, die leben gesünder, als der Papst heilig ist, und wenn die dann krank werden, sind sie total empört ob dieser Ungerechtigkeit.«

»Oder diese Leute, die total beleidigt sind, dass ausgerechnet sie sich jetzt einen Zeh gebrochen haben. Das liegt wahrscheinlich auch am Insulin und bestimmt nicht daran, dass sie einfach nicht hingeguckt haben.«

»Es gibt im Leben eben keine Garantie für gar nichts«, sagt Wolfgang, und es klingt ein wenig resigniert. »Beim Golfen kennst du dein Handicap, im Leben ist es die große Unbekannte.«

Keine Ahnung, warum der gemütliche Wolfgang an diesem Abend zwischen heiteren Anekdoten und melancholischen Anwandlungen hin und her schwankt. Vielleicht Midlife-Crisis. Ich versuche, ihn aufzuheitern.

»Im Kleopatra-Bad gibt es speziell für Männer die Cäsar-Behandlung.«

»Und«, fragt er neugierig, »wie ist die?«

»*Ich* habe die doch nicht gemacht.«

»Schon klar. Aber um was geht's da?«

»Schonkost«, sage ich, »absolut reduziert. Es ist eine Einführung. So eine Art Wellnessvorschule für Männer. Mit anderen Worten: gründlich waschen, gründlich eincremen, Rücken massieren lassen. Allerdings mit sehr schönen, einfühlsamen Worten … Wellness wird Männern in solchen Einrichtungen so verkauft, wie man Frauen ein Auto andreht. Denn wie das Zusammenwirken von tausend Details ein gelungenes Wellnessganzes ergibt, das weiß so ein Mann doch gar nicht.«

»Genauso wenig wie Frauen bei Autos begreifen, dass zu einem bestimmten Modell Alufelgen gehören«, ergänzt Wolfgang, »obwohl ihnen absolut klar ist, dass ein bestimmtes Kleid nicht ohne Stilettos geht.«

Das lasse ich jetzt mal so stehen und weise lieber darauf hin, dass der moderne Mann zum Pflegefall wird.

»Hautpflege, meine ich. Mittlerweile boomt ja angeblich auch Kosmetik für Männer. Daran ist David Beckham schuld.«

»Schminken? Ich glaube, da bin ich nicht metrosexuell genug. Oder einfach zu altmodisch.«

»Du, so neu ist die Idee mit der Kosmetik für das starke Geschlecht nicht. Vor 5000 Jahren war es im alten Ägypten gang und gäbe, dass sich Männer aus gehobenen Kreisen die Zeit für aufwendige ›Restaurierungsarbeiten‹ nahmen. Sie reinigten die Haut morgens und abends mit pflanzlichem Fett, Asche und pulverisierten Limonenschalen. Denn Reinheit und Wohlgeruch galten damals als göttlich.«

»Woher weißt du das eigentlich alles?«

»Hab ich im Kleopatra-Bad gelesen.«

»Baden bildet«, sagt Wolfgang. »Aber letztlich ist die Frage, was man wie zu bewerten hat, immer abhängig von der jeweiligen Gesellschaft. Wusstest du zum Beispiel, dass die ganzen Thermen, die hier im Rheinland und entlang des Limes stehen, von den Römern erbaut wurden? Als Rehazentren für ihre Legionäre. Legionär zu sein war ja kein Spaß. Und die durften wohl auch mal erfahren, wie gesund Wasser ist und wie heilsam diese kalt-warmen Anwendungen sind und wie wohltuend Massagen … dieses Berührtwerden … auch ohne Hintergedanken, das tut gut. Aber weißt du, was mir richtig zu schaffen macht? Seit dieser ganzen Wellnessgeschichte fühle ich mich als Mann infrage gestellt.«

»Wieso?«

»Früher war ein Mann ein Mann. Der durfte ein bisschen streng riechen, Bartstoppeln haben und auch eine gewisse Üppigkeit zeigen – so nach dem Cäsar-Zitat: ›Lasst dicke Männer um mich sein mit glatten Köpfen und die nachts gut schnarchen.‹«

»… schlafen«, verbessere ich, denn man muss das Grauen nicht mit Cäsars Sprüchen adeln.

»Ach, schlafen? Ich hoffte schnarchen«, sagt Wolfgang gedankenverloren. »Na ja, unterm Strich gibt es eigentlich nur einen Grund, warum ein Mann auf sich und sein Äußeres achten sollte. Das ist, um Frauen rumzukriegen. Aber ich habe den Eindruck, dass sich da gerade etwas ändert …«

»Männer haben sich aber doch schon immer fit gehalten, zumindest mehr als die Frauen. Der kräftige, gesunde Mann gilt schließlich als Alphatier, als zuverlässiger Ernährer und guter Erbträger. Aber, du hast recht, es ändert sich tatsächlich etwas: Während seit zwei Jahrzehnten die Fitnessbereitschaft bei den Frauen kontinuierlich zunimmt, wächst nun auch bei den Männern allmählich der Wunsch nach Attraktivität und Jugend. Sie greifen nicht nur zu den neuesten Schönheitskosmetika, es werden auch radikale Maßnahmen ergriffen: Fett absaugen und Lidstraffung inklusive.«

Wolfgang lacht.

»Berlusconi lässt grüßen. Er hat sich schöne Augen machen lassen, um einer 19-Jährigen schöne Augen zu machen.«

»Und damit er besser sieht, wenn er ihr bei den Schularbeiten helfen muss. Als ich 19 war, wusste ich noch nicht einmal, dass Politiker ein Sexualleben haben.«

»Sag ich doch«, seufzt Wolfgang, »früher haben Männer Aufgaben erfüllt, und alles andere lief nebenher.«

»Ich frage mich auch, wo dieser merkwürdige kulturelle Einfluss herkommt … auch dieses Glattrasierte überall, am ganzen Körper.«

Die Details, die Plopp, Tscheer und ich in dieser Sache schon konstatiert haben, lasse ich lieber weg.

»Ich halte mich wirklich für gut organisiert«, fährt Wolfgang fort, »aber ich hätte trotzdem keine Zeit, mich ständig meinem Äußeren zu widmen.«

»Das liegt vielleicht daran, dass du etwas zu tun hast.«

»Ja, aber es liegt auch daran, dass ich offen gestanden ein bisschen faul bin …« Er reibt über sein Bäuchlein. »Bevor ich mich im Studio angemeldet habe, hatte ich mir im Laufe der Jahre mindes-

---

MÄNNLICHE WELLNESSMUFFEL: WAS TUN?

Tscheer: Männer sind keine Wellnessmuffel! Männer haben sehr viel Erfahrung darin, was man dafür tun muss, damit es einem gut geht. Wenn sich ein Mann für Wellness interessiert, würde ich das befördern. Je mehr ein Mann selber Geld für überflüssige schöne Dinge ausgibt, desto weniger mault er über meine Friseur- und Kosmetikrechnung. Also loben!

Plopp: Na und? Männer sind nun mal so. Wenn ihnen außer waschen und rasieren nichts einfällt: Einfach nicht aufregen!

Watte: Mir fällt zum Thema Wellness und Männer überhaupt nichts ein. Männer und Frauen sollten einfach getrennte Wellnessaktivitäten unternehmen – die jeweiligen Vorstellungen und Bedürfnisse sind viel zu verschieden.

---

tens fünf Bücher über Männerfitness gekauft, mit erstklassigen Übungen, aber keine ausprobiert. Wenn ich mir die nur angesehen habe, hatte ich schon ein gutes Gefühl. Da hat der Vorsatz zur Befriedigung des Gewissens ausgereicht.«

Kann ich irgendwie nachvollziehen. Ein alter Witz, der in meiner Familie kursierte und wahlweise auf das passende Opfer fiel, geht so: »Der beste Fußballer der Welt sitzt bei uns im Wohnzimmer, er müsste nur runter vom Sofa und die Pantoffeln ausziehen.«

Aber es gibt eben auch eine besondere Freude beim Sportschauen: die Möglichkeit von Adrenalinausstoß ohne Schwitzen.

»Eine Cäsar-Behandlung würde ich aber auch gerne einmal machen«, sagt Wolfgang. »Das ist doch schön: sich einfach auf den Rücken legen und sich dabei selbst was Gutes tun. Da habt ihr Frauen mehr Erfahrung.«

Keine Ahnung, warum sich in unserem Gespräch eine unfreiwillige Frivolität an die andere reiht. Wolfgang nippt lustlos an seinem Wein.

»Frauengetränk«, stellt er fest und zwinkert mir zu, »lieber hätte ich jetzt mal ein großes Bier.«

»Nichts da, Wolfgang! Bier, das sind böse Kohlenhydrate.«

Wellness in der Servicewüste

Wellness beschränkt sich mittlerweile nicht mehr auf Hotels und Badezusätze, sondern macht mobil. Denn moderne Verkehrsmittel müssen dich heute nicht nur von A nach B bringen, sondern den Anspruch einer beweglichen Wohlfühlzone vermitteln. Ich kann mich nicht erinnern, wann es begann, dass die Vorzüge eines Fahrzeugs über seine technischen Fähigkeiten hinaus auf innere Werte übergingen. Beim Auto auf Polster, Belüftung, Luftfeuchtigkeit, elektrische Fensterheber usw. Ich weiß nur noch, dass wir uns damals ziemlich amüsiert haben, als wir in einem Magazin die BMW-Reklame lasen, in der auf die Stauqualität des Fahrzeugs hingewiesen wurde. Die Firma, die mit dem Slogan »Freude am Fahren« wirbt, verkaufte nun »Freude am Stehen«. Aber wer an gewissen Wochentagen in bestimmte Gegenden Deutschlands mit dem Auto unterwegs ist, steht tatsächlich oft mehr, als dass er fährt. Darum bevorzuge ich an diesen Tagen die Bahn …

Es ist Freitagnachmittag. Ich muss nach Bad Hohdenlohse. Dort soll ich am Abend die Kurgäste erheitern. Deshalb sitze ich nun entspannt in der Bahn. Ich sitze immer entspannt in der Bahn, weil das bedeutet, dass ich den Zug bekommen habe, den mir der Veranstalter gebucht hat. Ab jetzt kann nur noch die Art von Schicksalsschlägen meine pünktliche Ankunft aufhalten, die ich nicht selbst verschulde.

Ich lehne mich zurück und reflektiere meine Wellnesserfahrungen der letzten Wochen. »Man muss Körper, Geist und Seele in Einklang bringen, damit man nicht bekloppt wird«, fasse ich im Geiste Doktor Dunns Erläuterungen zusammen. Bekloppt wird man durch negativen Stress wie grundlose Vorwürfe, den hilflosen Versuch, das Unabänderliche zu beeinflussen, am Schicksal zu zweifeln – also zum Beispiel durch Stau auf der Autobahn. Deshalb also: Bahn.

Wasser in allen Anwendungen ist gesund und wird daher auch beim Bahnfahren getrunken. Wer allerdings Wert auf eine bestimmte Wasserqualität und ein angemessenes Preis-Leistungs-Verhältnis legt, bringt seinen Wasservorrat am besten selbst mit.

Wellness bedeutet auch, dass man sich zu seinen körperlichen Gegebenheiten bekennt – oder zumindest mit denen abfindet, die nicht zu ändern sind. Das mit dem Abfinden gilt aber nicht nur für den eigenen Körper, sondern auch für Wirtschaftskrise, Benzinpreise und Regen. Kurz gesagt: für alles. In der Bahn kann man sogar dankbar sein, wenn man eine kleine pummelige Frau ist. So hat man zumindest genug Platz, im Gegensatz zu einem, sagen wir mal, normalwüchsigen Mann. Der muss seine Beine in Brusthöhe übereinanderschlagen, bevor er sie dezent im Schritt der gegenüberliegenden Nachbarin platzieren kann. Auch mit seinen Montignac-Spezereien (vgl. Seite 101 ff.) muss sich der Durchschnittsmann selbst versorgen, weil alle Bahnbistros weder auf einen minimalen Insulinausstoß noch auf ein maximales Geschmackserlebnis hin kochen. Wie gut also, dass es Tupperdosen in allen Formen und Größen gibt.

Ich blicke aus dem Fenster und schaue dem ins Unscharfe verwischenden Grün der Wälder zu. Die positive Heilwirkung der Farbe Grün für Körper und Seele hat bereits Hildegard von Bingen, die berühmteste Ärztin des Mittelalters, gepriesen. Wie friedlich …

Doch kaum am Ziel angekommen, überschlagen sich die Ereignisse. Zunächst werde ich von dem Veranstalter, der zugleich der hiesige Kurdirektor ist, persönlich am Bahnhof abgeholt. Das gab es schon lange nicht mehr. Er fragt sogar, ob er meinen Koffer nehmen kann. Ich staune. Normalerweise muss ich meine völlige Erschöpfung dramatisch inszenieren, muss wirken wie jemand, der gerade den Ringkampf mit einem Krokodil gewonnen hat, halb gelähmt, mit zerrissenen Schultern und schleppenden Bewegungen, schwer atmend, bevor »ich geholfen werde«.

Der Kurdirektor ist augenscheinlich ein Mann, der fest entschlossen ist, derart gesund auszusehen, als wollte er die Heilkraft seines Kurorts persönlich verkörpern. Selftanningcremegebräunter Teint (erkenne ich sofort dank meiner eigenen »Tanning«-Erfahrungen), dunkelblauer Anzug mit Clubabzeichen, gestreiftes Hemd mit weißem Button-down-Kragen samt Goldnadel und mehrfarbiger Ton in Ton gestreifter Seidenkrawatte. Dazu Reklame laufend für einen berühmten Herrenduft. Der Mann weiß, was sich für einen Kurdirektor gehört. Die freudige Erregung, mit der ich empfangen werde, hat natürlich auch etwas damit zu tun, dass der Zug eine gute Stunde Verspätung hat und es bis zum Beginn der Veranstaltung etwas knapp wird.

Als weitere Überraschung erhalte ich kurz vor der Vorstellung eine SMS von Tscheer: »Bin zufällig in der Gegend. Sehe deine Plakate überall in der Stadt. Habe hier auch gerade was zu erledigen. Treffen wir uns morgen zum Frühstück?«

Ich simse zurück: »Ja, gerne. Wohne im ›Braunen Ochsen‹.

Mach' mal um neun einen Weckruf, und komm um halb zehn zum Frühstück.«

Tscheer antwortet: »›Brauner Ochse‹ kenne ich. Bin im ›Linde light‹. Ist nur zwei Straßen weiter. Bis morgen!«

Die Frage, was Tscheer in diesem Kurort zu tun hat, wische ich beiseite und konzentriere mich erst mal auf meine Arbeit.

Nach der gelungenen Vorstellung ist auch der Kurdirektor noch entspannter, als er ohnehin schon war. Nachdem er mir einen Blumenstrauß und die Spezialität des Ortes überreicht hat (eine Flasche Hohdenlohser Kräutergeist, destilliert und aufbereitet mit dem gesunden braunen Wasser des Kurbades, auf dem sich sein Ruhm begründet), schlägt er ein »Absackerchen« vor. Im Nachtlokal des Kurbades. Ja, so etwas gibt es natürlich auch. Schließlich humpeln in einem Kurbad nicht nur Kranke herum, sondern auch deren zum Teil höchst vitale Anverwandte sowie die vielen Menschen, die hier arbeiten und sich ab und an auch etwas anderes als Sagrotan hinter die Binde kippen möchten.

Im »Nachtfalter« ist der Kurdirektor bekannt. Er versichert mir, wie schön es sei, mit einer interessanten, attraktiven Frau auszugehen … (Meint er mich?) … dass ich in meinem Beruf sicher zahlreichen Versuchungen ausgesetzt sei … (Meint er den Gin Tonic?) … und dass diese Abendtätigkeit sicher sehr belastend sei für das Privatleben … (Meint er seins?) … dass er als Kurdirektor natürlich auch vielen Versuchungen ausgesetzt sei … Endlich verstehe ich und kann ihn beruhigen. Ich hätte ein Privatleben, und das sei in Ordnung. Das gibt ihm Gelegenheit, ausführlich über die Belange seiner Tätigkeit zu referieren. Beispielsweise darüber, dass die Leute immer mehr Wellnessangebote wollen, dass jetzt bereits Rentner mit Videospielkonsolen virtuell kegeln und dass er findet, Sex sei die beste Wellnessanwendung. Währenddessen leihe ich mein Ohr dem Nebentisch. Dezent. Man will ja nicht unhöflich sein.

»Ich nehme spätabends lieber was Leichtes«, sagt die sonore Herrenstimme in meinem Rücken. »Gebratenen Salm mit Scampi auf Spinat, dazu einen einfachen Riesling. Und was möchtest du? Wir dürfen doch jetzt Du sagen, nicht wahr?«

Man kann nicht genau verstehen, was sein Gegenüber erwidert, aber es ist eine weibliche Stimme, die so etwas sagt wie »wegen mir nehm' ich das auch, du«.

Der Herr charmiert weiter: »Deine Augen sind wunderbar. Nicht so wie die von Karl Dall … Hö, hö, hö. Weißt du, ich achte seit Neustem, nee, eigentlich schon seit drei, vier Jahren sehr auf meine Ernährung, zum Beispiel abends keinen Salat, denn das macht – mit Verlaub – Blähungen! Und eigentlich auch keinen Wein! Ich mache nur deinetwegen eine Ausnahme. Darum esse ich zum Abend nur noch Steaks. Aber niemals nach sechs. Wie ist das denn bei dir?«

Grummelgrummel.

»Ah ja, auch mal etwas Süßes? Das ist natürlich gefährlich. Also ich mag Mon Chéri und so ein Zeug ja nicht. Nein, ich achte total drauf, was ich esse. Ich mache einen großen Bogen um alle Würste wie grobe Leberwurst und dergleichen. Habe ich früher zwar ganz gerne gegessen, aber das gibt es nicht mehr. Man muss sich da zusammenreißen können. Es ist schließlich eine klare Erkenntnis: Gutaussehende haben es leichter, im Beruf und im Leben … Insofern müsste Ihnen, pardon, dir ja alles nur so zugefallen sein.« Gönnerhaftes Lachen. »Egal, ich habe mein biologisches Alter auf diese Weise reduziert. So um die acht Jahre. Und mein Arzt sagt, fünf Jahre seien noch drin! Ich habe jetzt auch mein Wohlfühlgewicht. 90 Kilo. Dein Wohlfühlgewicht ist klasse, also, was ich da sehe! Da sollte sich nichts dran ändern, weder nach oben noch nach unten. Als Mann hat man ja den Vorteil, dass man sich ganz gut halten kann. Wusstest du zum Beispiel, dass die männliche Haut fünfzehn Jahre später altert als die weibliche? Ja, man kann sich halten. Vor allem, wenn man an sich arbeitet, so wie ich. Also, wenn ich achtzig bin, dann bist du auch schon fast sechzig, nicht? Wenn ich so den Vicco von Bülow sehe, spritzig, elegant, geschmeidig …«

Grummelgrummel.

»Du sprichst sehr oft von deinen Kindern! Das ist wahrscheinlich so, wenn man Mutter ist, nicht? Ähhm … und der Typ hat da einfach, hmmmm, unmöglich die Typen, ja, ja, ja. Zeig mal die Fotos. Du bist damals so schön gewesen. Sehr schön …«

Grummelgrummel.

»Nein, du bist auch heute schön! Ich will ja jetzt hier keine Nummer draus machen, aber du sagst zwar, du hast mit dem Typen abgeschlossen, und schleppst trotzdem immer noch ein Foto von ihm herum … Erzähl mir doch was von dir! Wie findest du mich?«

Ich kann mich nicht des Eindrucks erwehren, dass alle Kurschattenwitze eine reale Basis haben. Und der Verehrer der unbekannten Dame hat eine unglaublich neutrale, einschläfernde Art, pointenfrei zu erzählen. Das hat er mit meinem Kurdirektor gemeinsam, der jetzt bei dem Höhepunkt seiner Aktivitäten rund um den Kurgast ist. Dabei handelt es sich um einen von ihm persönlich erfundenen Drink. Sambuca mit einer Olive, um die eine Sardelle gewickelt ist. Egal, ich nehm das. Hauptsache, was zu beißen …

Wenig später krame ich beim »Braunen Ochsen« meinen reservierten Schlüssel unter einem Blumenkasten hervor. Das Hotel hat seinen Namen offensichtlich als Leitmotiv für die Inneneinrichtung gewählt: braune rustikale Rezeption, darüber der braune ausgestopfte Kopf eines Ochsen, an den Wänden – als Hauch von farblicher Extravaganz – goldbraun beschlagene Spiegel, die der eintretenden Person bordellhafte Beauty verleihen. Alkoholgenuss und schmeichelndes Licht erhöhen bekanntlich die Attraktivität eines jeden Ambientes.

Das Interieur meines Hotelzimmers überrascht mich mit einer Steigerung, denn es gleicht einem Völkerkundemuseum über die Wohnkultur der Siebzigerjahre. Mein Blick wandert ehrfurchtsvoll über die grob gemaserten Holzmöbel und das Teppichmuster im Farbmix aus Geschwürviolett, Gemütlichbraun und Hämatomblau. Eine Vase mit Plastikblumen steht auf einer Häkeldecke, die aussieht, als hätte des Inhabers Großmutter das Garn anno dazumal am Spinnrad hergestellt.

»Immerhin eine Minibar«, murmele ich und genehmige mir einen kräftigen Schluck Kräutergeist.

Gestärkt und gewappnet inspiziere ich das Badezimmer. Die Hotelleitung verzichtet konsequenterweise darauf, tragbare Gegenstände jedweder Art zur Verfügung zu stellen. Abgesehen von der Klobürste und Toilettenpapier. Die allerdings eignen sich auch nicht besonders gut als stilvolle Memorabilia. Außerdem habe ich so etwas selber. Auf einen Bademantel mit eingesticktem Hotelnamen kann ich verzichten, nicht aber auf feuchte Körperpflege. Nach beharrlicher Suche finde ich hinter der Tür ein Handtuch. Ein Zettel mit einem Bäumchen darauf, der mit Klarsichtfolie überzogen ist und sich an den Rändern leicht aufwellt, bittet die Gäste, Handtücher, die sie noch brauchen, nicht auf den Boden zu werfen. Denn überall auf der Welt würden zahllose Handtücher umsonst gewaschen und das Wasser und die Belastung der Umwelt und der Regenwald … Jawohl, niemals, ich schwöre bei meinem Leben, werde ich dieses eine Handtuch, welches ich noch zu benutzen gedenke, auf den Boden werfen!

Das Wasser aus der Leitung ist fast so braun wie die Möbel. Und nach einem weiteren Schluck braunem Kräutergeist entschlafe ich sanft, denn nun ist es mir egal, dass meine Füße aus dem Bettchen herausschauen. Doch alle sechzig Minuten werde ich wieder wach, weil die Kirchturmglocke des direkt nebenan stehenden Gotteshauses zu jeder vollen Stunde schlägt. Da mein Zimmer auf Ohrenhöhe mit dem Glockenstuhl ist, dröhnt mir das Gongen in die Schädeldecke, als würde ich direkt im Turm nächtigen. Der Lärm macht es nicht nur unmöglich, an durchgehenden Schlaf zu denken. Vielmehr ist es bei dem Krach unmöglich, überhaupt an irgendetwas zu denken.

Mit Glockenschlag Nummer neun zirpt mich die SMS von Tscheer aus meiner Halbdämmerung. Also werfe ich mich hurtig in meine Sachen und eile in den Frühstücksraum. Genauer gesagt, Exfrühstücksraum, denn es ist schon alles abgeräumt.

»Es hieß, ich solle Sie schlafen lassen und dann Kaffee machen, wenn Sie wach werden«, erklärt die Frühstücksbeauftragte des Hauses mit leiser Empörung. »Wollen Sie etwa was essen?«

»Ja«, erwidere ich. »Deswegen bin ich eigentlich runtergekommen.«

»Das hat mir aber niemand gesagt!«

»Ich sage es Ihnen ja jetzt!«

»Also, Sie wollen *jetzt* etwas essen? Dann muss ich ja alles wieder rausräumen und aufbauen!«

»Nein«, beruhige ich. »Das ist nicht nötig. Es reicht ja ein bisschen Aufschnitt und vielleicht eine Marmelade und ein Brötchen oder so.«

»Nee! Wenn, dann mach ich das auch richtig. Aber es hat mir ja keiner gesagt!«

Eilig packt die Frühstücksbeauftragte ihr Nagelnecessaire zusammen. Sie ist eine kleine zierliche Frau, die ganz in Schwarz gewandet ist, auch ihre schwarzen Stiefel, die bis zu den Knien reichen, sind glänzend schwarz. Und auf dem eng anliegenden schwarzen T-Shirt lächelt ein Totenkopf aus Pailletten. Ihre Augen hat die Dame mit nachtschwarzem Lidschatten betont, und ein strenger Mittelscheitel teilt die pechschwarz gefärbten Haare exakt entlang eines grauen Grundstreifens. Sie ist etwa Mitte vierzig und trägt große, gelbe, natürlich wirkende Jacketkronen.

Sie sieht ein bisschen aus wie Chers verlottertes Alter Ego.

Tscheer steht pünktlich und strahlend wie immer in der Tür.

»Morgen«, sage ich zu ihr. »Ich habe uns mal ein bisschen Frühstück organisiert«, denn hinter den hochgezogenen Brauen meiner pingeligen Freundin kann ich die Frage »Wieso klappt das hier nicht?« lesen.

»Die Dame hat offenbar gemeint, sie solle nur Kaffee kochen.«

Besagte Dame steckt den Kopf aus der Küche und entdeckt Tscheer.

»Wollen Sie etwa zwei Frühstücke?«

»Ja, bitte … Ich weiß, das hat Ihnen keiner gesagt«

»Mir sagt nie einer was! Ich bin immer die Letzte, die etwas erfährt! Außerdem kostet das extra.«

»Das ist in Ordnung«, bekräftige ich.

Und während nun auch ihr Körper aus der Küche kommt, folgt die Frage: »Wie wollen Sie denn Ihre Eier?«

Tscheer wendet sich der Dame zu und kann sich angesichts des Heavy-Metal-Veteraninnen-Outfits nicht beherrschen:

»Wie sehen Sie denn aus?«

Die Mundwinkel der Frühstücksbeauftragten verformen sich zu einem umgedrehten U! Ich sehe Frühstückseier sowie andere Frühstücksaccessoires ins Nichts entschwinden und mache Tscheer ein Zeichen, dass sie dringend an den Satz noch etwas anderes anzufügen hat.

Und tatsächlich:

»Das war sicher schwer, diese Sachen so zueinander passend zu bekommen, nicht wahr?«

Die Frühstücksdame freut sich.

»Und wie! Dass Sie das erkannt haben … Nach der Kombi habe

ich wirklich lange gesucht. Ich habe dazu auch noch ein paar schwarze Stiefel, mit Strass und übers Knie.«

»Das würde ich gerne einmal sehen.«

Tscheer war allerdings noch nie so richtig gut im Lügen, deshalb füge ich sicherheitshalber und nur an mein Frühstücksei denkend hinzu:

»Für so eine eigene persönliche Note muss man wirklich Talent haben.«

Unsere kleinen Schmeicheleien sind erfolgreich, und die Dame verschwindet höchst zufrieden wieder in der Küche.

»Brauner Ochse, schwarze Magd«, murmelt Tscheer. »Wer weiß, was in der Fleischkammer hängt. Gruselgrusel …«

Ich erzähle von meiner Nacht in der Folterkammer des Völkerkundemuseums.

»Ach«, seufzt Tscheer, »das ist aber schade. Ich habe in der ›Linde light‹ nämlich ein schönes Zimmer mit Balkon und wunderbarem Morgenlicht.«

Misstrauisch frage ich:

»Hast du dir die Hotels vorher angeschaut?«

»Ja, natürlich.«

»Und wieso hast du mich nicht gewarnt? Oder mir eine Umbuchung empfohlen?«

»Och, im ›Linde light‹ gab es nur noch ein Zimmer. Und ich habe gedacht, wenn du erst nachts eintrudelst, ist es dir sowieso egal …«

Egoistisches Miststück! Meine Wellness ist ihr völlig schnurz. Statt dass sie mir wenigstens ihre Doppelbetthälfte anbietet, lässt sie mich lieber im Grauen übernachten, genauer gesagt im »Braunen«, bloß weil sie keinen alkoholduftenden Nachtfalter neben sich liegen haben will.

Als wir den »Braunen Ochsen« verlassen, entdecke ich auf meiner Rechnung den klein gedruckten Hinweis, es handele sich hierbei um ein Haus mit persönlichem und individuellem Service, das um das Wohlergehen der Gäste bemüht sei und auch Extrawünsche mit Selbstverständlichkeit erfülle. Das habe ich vor allem im Frühstücksraum bemerkt. Kurioserweise fehlt auf der Rechnung eine Lobpreisung auf den Wellnessdrink, der den Ruhm dieses Kurorts begründet hat – braunes Wasser.

Tscheer und ich beschließen, ein wenig spazieren zu gehen. Auf dem Goethepfad, für den Bad Hohdenlohse berühmt ist. (Welch Segen für den deutschen Tourismus, dass Geheimrat Goethe so viel herumgekommen ist …) Mein Gepäck deponiere ich bis zur Abfahrt meines Zuges im »Linde light«, vor dessen Eingang tatsächlich eine kleine Linde steht. Die Hauswand ist in zartem Rosa gehalten, jeder Fensterrahmen weiß abgesetzt. Auch der Empfang atmet fröhliche Frische. Tscheer führt mich zu ihrem roséfarbenen Zimmer mit rosenverzierter Bettwäsche, kleinen Korbsesseln und einem niedlichen Balkon. Ihr Nachtensemble liegt fein drapiert auf dem Bett.

Tscheer nimmt dort Platz und schlägt ihre schlanken, glatt gelaserten, zart olivbraunen Beine neben dem lindgrünen Negligé und dem sanft lindgrünen Morgenmantel wie zufällig übereinander. Sogar die Puschen vor dem Bett harmonieren farblich. Ich bewundere einmal mehr die Selbstverständlichkeit ihrer gelungenen Inszenierung. Tscheer hat ihre Garderobe passend zum Hotel ausgewählt.

»Wenn du willst«, sagt sie, »können wir hier nachher zu Mittag essen. Und du kannst später ja noch in die hauseigene Sauna gehen. Ich bin nämlich verabredet.«

Meine Neugier schwankt zwischen der Frage, mit wem sie sich trifft, und jener, was es zu essen gibt. Tscheer wedelt mit einem Faltblatt:

»Hier, extra für dich, der Wellnesskurier vom ›Linde light‹.«

Ich überfliege die erste Seite: Von 14 bis 17 Uhr gibt es ein Kuchenbuffet an der Hotel- und Spa-Bar. Kleine Kuchenauswahl aus der hauseigenen Backstube, für Hausgäste kostenfrei. Um 17.10 Uhr (!) gibt es chinesische Meridian-Dehnungsübungen zur Verbesserung des Energieflusses in unseren Akupunkturpunkten und somit zur Verbesserung der Organfunktionen.

»Nächste Seite«, sagt Tscheer.

Ich lese:

»Vollwertiges vegetarisches Dreigangmenü am Mittag: Salat vom Buffet, Blumenkohl-Brokkoli-Auflauf auf Gemüsejus mit glasierten Kartoffeln, Bayerische Creme auf Fruchtsoße.«

Dann folgt der absolute Thriller: ein Fastengedeck! Rote-Bete-Karottensaft und Sellerie mit Liebstöckel. Damit sich das nicht allzu mager anhört, bekommt der Gast eine Ausführung zum Thema Liebstöckl:

»Liebstöckl enthält ätherisches Öl (zum größten Teil Phthalide), Cumarin, Gerbstoff, Harz, Vitamin C. Der Vitamin-C-Gehalt der frischen Pflanze pro 100 g Frischgewicht beträgt 240 mg. Die Inhaltsstoffe wirken verdauungsfördernd, harntreibend, regen die Nierentätigkeit an, lindern Blasenleiden und regulieren die Menstruation. Als Tee wirkungsvoll gegen Migräne.« Und zum Abschluss der Seite ein Special: »Soeben eingetroffen: Die neuen glutenfreien Produkte von Schneider sind in der Boutique an der Rezeption erhältlich!«

Der Blick schweift vom Balkon genüsslich über Täler und Berge, Bäche und Wiesen, die Maiensonne legt sich mit wärmendem Glanz über die sprießende Natur.

»Werd ich zum Augenblicke sagen, verweile doch, du bist so schön, dann magst du mich in Fesseln schlagen, dann will ich gern zugrunde gehen«, zitiere ich aus dem »Faust«.

Tscheer lächelt nachdenklich.

Ich bin alarmiert.

»Maria«, frage ich. »Maria, warum bist du hier?«

Plötzlich mache ich mir ernsthaft Sorgen. Das passt alles so gar nicht zu Tscheer.

»Maria«, wiederhole ich ein drittes Mal, »was ist los?«

»Wie du dir denken kannst«, sagt sie, »habe ich es nicht mit einem Befund bewenden lassen.«

»Was für ein Befund?«

»Ach so, du hast es natürlich nicht mitgekriegt … Also, an deinem Kleopatra-Bad-Tag habe ich erfahren, dass ich einen kleinen Krebs habe.«

»Kleiner Krebs?!!! Was?« Ich bin fassungslos. »Warum hast du mir das nicht gleich gesagt?«

»Du warst so ausgeglichen an dem Tag … Na ja, jedenfalls bin ich hier in die Spezialklinik gefahren und habe die ganzen Untersuchungen gestern noch einmal machen lassen. Jetzt warte ich auf die Ergebnisse. Ich werde wohl ein paar Tage hierbleiben. Allerdings hat der Arzt gesagt, dass die Ergebnisse wahrscheinlich nicht anders aussehen werden …«

Das Schlucken fällt mir schwer.

»Komm …«, sagt Tscheer und klingt so mitfühlend, als wäre es mein Befund.

Unzulänglich und miserabel fühle ich mich.

»… wir gehen jetzt ein bisschen spazieren, und ich erzähle dir alles.«

Deprimiert folge ich ihr auf Goethes Spuren, und in der vollkommenen Schönheit der Natur berichtet Tscheer, dass sie das Knötchen selber ertastet habe, dass es als früh erkannt gelte und sie deshalb eine gute Prognose habe. Es müsse natürlich eine Chemotherapie gemacht werden, in zwei Phasen, natürlich würden ihr die

Tscheer: Viel Servicestress entsteht ja dadurch, dass man sich mit begriffsstutzigen Leuten unterhalten muss, die nicht kapieren, was du überhaupt möchtest. Und sei es nur eine Fahrkarte nach Pusemuckel. Daher mein Tipp, um Stress und böse Worte zu vermeiden: Lerne Automaten lieben und bedienen!

Plopp: Häufig ist man von Hotels enttäuscht, weil die Versprechungen im Katalog nicht der eigenen Wahrnehmung entsprechen. Wie gut, dass es jetzt im Internet Seiten gibt, auf denen die Gäste Hotels und Einrichtungen bewerten. Da kann man lesen, wie Leute mit unterschiedlichen Interessen die Anlagen beurteilen. Leute mit Kindern haben halt andere Vorstellungen als Einzelreisende oder ältere Ehepaare.

Watte: In Hotels wird man grundsätzlich besser behandelt, wenn man hereinkommt und als Erstes etwas lobt. Bleibt man länger, ist ein kleines Trinkgeld zu Beginn des Aufenthalts günstig. Es lohnt sich aber nur, wenn man herausgefunden hat, dass die Kraft, die das Trinkgeld bekommen hat, auch in den nächsten Tagen zur Verfügung steht. Unter keinen Umständen sollten Sie in Hotels, Gaststätten usw. darauf hinweisen, dass Sie es eilig haben. »Es eilig zu haben« wird als Androhung, ja als Nötigung empfunden, die sofort zu gelähmten Händen führt und mindestens doppelten Zeitaufwand zur Folge hat. Wenn Sie es wirklich eilig haben, sollten Sie die dazugehörige Servicekraft in Diskussionen über ein Thema verstricken, das diese nun wirklich nicht interessiert. Beispielsweise die Vor- und Nachteile der EU-Osterweiterung. Sie dürfen sicher sein, dass man versucht, Sie sobald wie möglich loszuwerden – und Sie schnell bedient.

Haare ausfallen, natürlich würde sie abnehmen, und natürlich müsse sie eine Reha machen.

Wenn alles gut ginge, sei die Sache in einigen Monaten wieder in Ordnung.

Wir kennen uns seit Jahrzehnten. Und Tscheer berichtet so sachlich, als handele es sich um jemand anderen.

»Mach dir keine Sorgen«, tröstet sie mich zu allem Überfluss. »Ich werde alles gut organisieren, und wenn ich etwas von dir möchte, werde ich es dir sagen.«

Oje! Und ich Trampel hatte noch nicht einmal meine Hilfe angeboten! Eine großartige Freundin bin ich.

»Ich werde alles tun, was du von mir möchtest«, sage ich mit fester Überzeugung, aber brüchiger Stimme.

»Das weiß ich doch, meine Liebe«, sagt Tscheer zärtlich. »Man darf dich zwar nicht mit Bagatellen belasten, aber wenn es ernst wird, kann ich auf dich zählen.«

„Kleiner Krebs." In der Brust. In mir dreht sich alles. Schweigend blicken wir auf eine Wiese mit blühenden Apfelbäumchen.

Verwirrung um den Whirlpool

Plopp versucht, mich zu beruhigen. Ich lasse mich aber nicht beruhigen. Ich mache ihr Vorhaltungen und schwere Vorwürfe. Wieso hat mir keiner etwas gesagt? Wieso weiß ich von nichts? Warum muss ich mit dem Gefühl herumlaufen, ein asoziales, egoistisches und rücksichtsloses Wesen zu sein?

Plopp spricht weiter besänftigend auf mich ein, während sie die mitgebrachten Ingwer-Mohrrüben-Haselnuss-Törtchen auspackt. Ich höre nichts und rede weiter. Darüber, wie schlecht es mir geht, wie schlecht ich mich fühle … bis ich auf einmal den leckeren Duft der Törtchen rieche. Plötzlich kann ich auch wieder hören, wie Plopp sagt:

»*Du* bist doch nicht krank!«

Das bringt mich zur Besinnung. Sie hat vollkommen recht, ich habe nur an mich gedacht und daran, wie es mir gehen, was mir fehlen würde, wenn Tscheer weg wäre. Mir fällt der Spruch ein, der oft aus ähnlichem Anlass gesagt wird: Man weint nie um den anderen. Man weint immer nur um den eigenen Verlust. Es gibt Kulturen, in denen der Abschied von einem Verstorbenen als fröhliches Fest begangen wird. Zum einen aus dem festen Glauben heraus, dass es dem Verblichenen nach einer Zeit des Leides nun an einem anderen Ort besser geht. Zum anderen dient die feierliche Zeremonie dazu, das eigene Herz mit positiven Eindrücken und Gefühlen zu füllen, immer wenn die Hinterbliebenen an den Verstorbenen denken …

»Watte, bitte halt die Klappe!«, sagt Plopp streng. »Noch ist überhaupt niemand gestorben.«

Ihre Autorität hat etwas Beruhigendes.

»Es gibt Umstände, denen man sich fügen muss. Das ist so etwas Ähnliches wie Schicksal.«

Plopps Worte klingen zwar gefasst, aber sie hantiert fahrig mit den Törtchen herum. Ich kann das nicht mit ansehen und nehme ihr den Tortenheber aus der Hand.

»Du kannst sicher sein«, fährt sie fort, »dass Tscheer alles, was man da technisch, medizinisch und sonst wie machen kann, in die Wege leiten wird … Was jetzt allerdings niemand gebrauchen kann, ist eine durchgeknallte, egozentrische, hypochondrische, beleidigte Leberwurst, die nur an sich denkt und in Panik macht.«

Das zu hören ist nicht schön, aber wirkungsvoll. Ich fange mich wieder. Und um mein Verhalten einigermaßen wiedergutzumachen, beschließe ich, mich jetzt nach *Plopps* Befinden zu erkundigen. Bei ihr ist es zurzeit nicht die gesundheitliche, sondern die wirtschaftliche Situation, die den persönlichen Wohlfühlfaktor bestimmt.

»Tja«, sagt Plopp. »Tscheer meint, ich solle ein Wellnesscenter aufmachen, wenn die ›Mülltrenner‹ ausgezogen sind.«

»Was?«, frage ich entgeistert.

»Na ja«, sagt sie, »richtig exklusiv. Mit Goldpackung und so.«

»Mit Goldpackung?«

Verständnislos starre ich meine Freundin an.

»Es gibt wohl so eine Wellnessline, die arbeitet mit Goldpackungen. Ist irgendwie asiatisch angehaucht. Das soll von außen nach innen gehen. Auf jeden Fall wird die Patientin – es sind in der Regel Patientinnen – mit Gold behandelt.«

»Goldbehandlung? Klingt teuer!«, finde ich.

Plopp nickt.

»Das ist ja der Witz! Tscheer sagt, in miesen Zeiten hätten die Armen immer weniger Geld, die Reichen aber umso mehr. Da müsse man eben selber für eine Umverteilung in den Mittelstand sorgen.«

Dazu fällt mir etwas ein:

»In London verkauft Burger King seit Kurzem einen Nobelburger für um die hundert Euro.«

»Wie asozial. Das kann nicht dein Ernst sein!«

»Meiner nicht! Aber der von Burger King. Der Deluxe-Burger liegt voll im Trend! Die Leute wollen eine Mischung aus Discounter und Cartier.

»Cartier-Noblesse zu Wühltischpreisen?«, fragt Plopp.

»Genau! Die von Burger King erwarten doch gar nicht, dass ihnen jemand ihren dekadenten Fleischklops abkauft! Was die verkaufen wollen, ist das Image einer Premiummarke. In der Verhaltensökonomie ist längst bekannt, dass Menschen irrational sind, wenn es ums Einkaufen geht. Deshalb bieten Händler bewusst auch überteuerte und völlig nutzlose Dinge an – weil ihre ernst gemeinten Angebote daneben besser aussehen. Der teure Burger soll den Kunden nur signalisieren, dass sie hier nicht in einem Fast-Food-, sondern in einem Luxusrestaurant für jeden Geldbeutel sind.« Plopp scheint die Parallele zu ihrem Projekt zu dämmern, doch ich lege noch einmal nach:

»Und mit demselben Psychotrick wirst du jetzt eine Goldgrube aus deiner ehemals idealistischen Müllkippe machen!«

»Wenn du es so sehen willst.« Plopp sieht mich trotzig an. »Menschen funktionieren nun mal so: Sie denken, was viel kostet, hilft auch viel. Warum soll ich mir also die Miete nicht von Leuten bezahlen lassen, die sich fürs Wohlempfinden mit Gold bestäuben?«

»Darf die Patientin das Gold wenigstens mitnehmen?«

Plopp lächelt.

»Ich denke schon. Das ist Blattgold, und das ist ja nicht *so* teuer. Und genau genommen wird es ja eingearbeitet.«

»Wie bitte?«

»Ja, das wird einmassiert … oder so.«

Als ich Plopp darauf hinweise, wie gefährlich lückenhaft ihr Halbwissen ist, tippt sie schmollend etwas in die Suchmaschine auf ihrem Laptop. Eine Seite geht auf, und sie liest laut:

»Hier kommt es zu einer energetischen Ladung innerhalb der Zelle. Durch die spezielle und lang anhaltende Massagetechnik werden 22-karätige Goldblättchen in die Haut eingearbeitet. So finden in dieser luxuriösen Behandlung zugleich Feuchtigkeitsdepot, Regeneration und Entgiftung statt.«

Plopp scrollt ans Ende der Webseite.

»Einfacher ausgedrückt: Dadurch wird die Feuchtigkeit gebunden.«

Ich fasse es nicht: Hermine von und zu, unsere zuverlässige Ököliesel mit eingebautem Modem für politische Korrektheit, erwägt eine goldige Bauernfängerpraxis auf ihrem Grund und Boden!

Nun wird Plopp richtig sauer.

»Jetzt denk mal mit, wenn du das kannst! Ich habe vier Kinder in Schule und Ausbildung und dazu einen mittelmäßig verdienenden Mann in einem unsicheren Angestelltenverhältnis. Und einen riesigen immobilen Klotz am Bein, der sich Ploppenburg nennt, wo du, falls du dich erinnerst, auch schon viel Spaß hattest. Da ist es für meine persönliche Wellness extrem wichtig, dass ich den ganzen Kram bezahlen kann.« Plopp redet sich in Rage. »Und wenn sich dafür irgendwelche Tussis Goldpartikel in die Haut reiben lassen, ist mir das ziemlich egal.«

Völlig durcheinander ob all der Neuigkeiten und Emotionen schaue ich mir die Internetseite genauer an.

»Der Chi-Yang-Massage liegen die Kenntnisse der Traditionellen chinesischen Medizin (TCM) zugrunde.«

(TCM? Ich dachte, so heißt die Produktlinie von Tchibo für alles außer Kaffee.)

»Nach asiatischem Verständnis strömt die Lebensenergie durch bestimmte Energiebahnen, Meridiane genannt. Die Regulierung solcher Meridiane durch Druck ist als Akupressur bekannt. Mit ihrer Hilfe wird die Lebensenergie gezielt beeinflusst und eine ausgewogene Harmonie eingeleitet. Diese klassischen Erkenntnisse wurden mit der westlichen Kosmetik und modernem physiologischem Wissen zu einer ganzheitlichen Behandlungsmethode verknüpft. Der Schwerpunkt dieser Massageart liegt auf der Schönheitsebene. Sie eignet sich daher am besten für kosmetische Zwecke.«

(Schönkneten statt Schönsaufen also.)

»Die Chi-Yang-Massage wird zumeist als Ganzkörpermassage, als Gesichtsmassage oder in Kombination angeboten. Es kommen hochwertige kosmetische Öle zur Anwendung, die mit Goldpartikeln von 22 Karat angereichert werden. Die Chi-Yang-Massage verspricht Lockerung von Verspannungen, ein Wohlfühlerlebnis (da hat die Marketingabteilung wohl das Modewort Wellness vergessen) und das Auflösen von energetischen Blockaden. Die Straffung und Verjüngung der Haut ist auf die peelingartige Wirkung der Goldpartikel zurückzuführen.«

Spontan muss ich an die Szene in dem James-Bond-Film »Goldfinger« denken, in der das Bond-Girl starb, weil sie von Kopf bis Fuß mit Gold beschichtet wurde. Aber offenbar gilt auch für Gold des Paracelsus' Weisheit: Die Dosis macht das Gift.

»Erinnerst du dich an den James Bond mit Gert Fröbe?«, frage ich.

»Es gibt einen Film mit Gert Fröbe als James Bond?«, wundert sich Plopp.

»Quatsch, der war natürlich der Bösewicht. Ich frage wegen der Frau in Gold.«

»Welche Frau in Gold?«

»Egal! Zurück zu deiner Zukunft: Mach doch gleich eine Klinik auf!«

»Was denn für eine Klinik?«

»Eine, die sich auf irgendwas spezialisiert.«

»Auf was denn?«

»Was weiß ich! Auf Nasen oder so.«

Das komplette Dachgeschoss wird in kleine Appartements verwandelt, und da könnten dann all die Damen mit ihren neuen Nasen so lange herumsitzen und in den Park gucken, bis sie wieder durch die Nase atmen können. Es ist nah genug, um mit dem PKW hinzukommen, und weit genug weg, um nicht Hinz und Kunz zu begegnen, zumindest nicht alle Nase lang.

»Teuer muss sie sein oder schnell gehen, die Wellness von heute«, sinniere ich. »Zeit ist nämlich nicht Geld, sondern Wellness. Und weil wir immer weniger davon haben, ist sie uns lieb und teuer.«

»Na dann sollte ich vielleicht Chi-Pads verkaufen.«

»Chi- was?«

Nun bin *ich* wieder mit Nachfragen dran.

»Das sind Reflexzonenpflaster, gefüllt mit Mandarinen-Baumessig-Pulver.«

»Und was soll das bringen?«

»Wellness halt … Dermatest hat das Zeug jedenfalls mit ›sehr gut‹ bewertet.«

»Das heißt doch nur, dass es nix schadet. Aber nicht notwendigerweise, dass es was hilft.«

»Die versprechen Wellness über Nacht«, verteidigt Plopp das Produkt, als hätte sie es selbst erfunden. »Der Werbespruch lautet: ›Einfach am Abend kleben und über Nacht erleben!‹«

Das Schlimme an solchen Produkten, denke ich, ist, dass die Macher so etwas auch noch ernst meinen. Ich erinnere mich zum Beispiel an den Fernsehauftritt einer energischen Dame, die Meditations-CDs für Busenwachstum bewarb …

»Oder wie wär's …«, ich komme in Fahrt, »… mit einer Beinverlängerungspraxis für junge Russinnen. Einfach Oberschenkelknochen brechen, länger ziehen und wieder zuwachsen lassen.«

»Was redest du denn da?«

Plopp sieht mich an, als säße sie gefesselt in der Folterkammer einer geschwätzigen Domina.

»Kam im Fernsehen«, kläre ich sie auf, »das macht man jetzt so in Russland … Zumindest alle, denen Botox und Silikon nicht mehr reichen. Die Dame wuchs von 1,56 auf 1,62 Meter.«

»Und ich dachte, nur Männern machen so ein Theater um ein paar Zentimeter.« Plopp schüttelt den Kopf. »Wo du immer diese skurrilen Themen her hast. Du schaust zu viel in die Glotze!«

»Ich sehe nur fern, damit mir auf dem Heimtrainer nicht so langweilig wird.«

»Ergometer.«

»Was?«

»Das heißt nicht mehr Heimtrainer, sondern Ergometer.«

»Aha«, mache ich bockig. »Und Mumifizierung heißt jetzt Anti-Aging für Leichen.«

Prompt erinnere ich an die archaischen Wellnessanwendungen der Pyramidenbauer und an die Männerkosmetik, über die ich mit Wolfgang auf der Party gesprochen habe. Allesamt Wellnessanwendungen, mit denen Plopp Geld verdienen könnte.

Ich bin einfach nicht mehr aufzuhalten, und mir kommt etwas wesentlich Radikaleres als Kosmetik für Männer in den Sinn. »Man könnte eine Spezialklinik für dicke Kinder einrichten. Jedes Mal, wenn die bestimmte Dinge anfassen wie die Küchentürklinke, den Kühlschrank oder eine Schranktür, hinter der sich irgendwas Essbares befindet, kriegen die einen leichten Stromschlag. Lebendige Lebensmittel, zum Beispiel Kühe, werden ja auch mit elektrischem Weidezaun gesichert.«

Plopp: »Warum?«

»Na, falls heißhungrige Teenager im Winter versuchen, die Kühe zu melken, weil sie irrigerweise annehmen, bei Frost komme Softeis aus dem Euter.«

Plopp: »Du bist doch bekloppt … Komm mal wieder runter!«

»Nein«, protestiere ich. »Das ist mein völliger Ernst. Habe ich in einer Zeitung gelesen. Man macht Elektroschocks an Menschen, die abnehmen sollen. Am meisten nimmt man natürlich auf dem elektrischen Stuhl ab«.

Plopp: »Du bist bösartig.«

»Nein, ich bin einfach nur erregt. Über die perversen Blüten, die das Ganze treibt. Zum Beispiel Roy Jacuzzi, kennst du den?«

Plopp: »Das ist der Erfinder von diesen speziellen Whirlpools, oder?«

Ich nicke.

»Der hat ein Elitemodell herausgebracht. Darf ich dir vortragen?«

Plopp: nickt …

… und ich suche den Prospekt in meiner Ablage für Absonderlichkeiten.

»Wo ist er denn?«

Ich wühle in dem Haufen herum.

Plopp: betrachtet die ausgesonderten Papiere.

»Das ist es nicht, das ist ein Strafzettel wegen zu schnellen Rückwärtsfahrens in der Fußgängerzone«, erkläre ich.

»Alle Achtung«, sagt Plopp anerkennend. Dann entdeckt sie den Ratgeber zur Joggingbrot-Wohlfühldiät. »Worum geht es denn da?«

»Wenn du jeden Tag zehn Kilometer läufst, darfst du dir dazu ein Brot mitnehmen.«

»Ich nehme beim Laufen nie ein Brot mit.«

Plopp ist nicht humorlos, manchmal jedoch ein wenig zu sachlich. Und da ich konzentriert weitersuche, gehe ich nicht weiter darauf ein.

»Der Whirlpool heißt, glaube ich, ›La Scala‹«, sage ich.

»Wie das Opernhaus?«

»Si. Weil man ja gerne in der Wanne oder unter der Dusche singt. Auch Opern. Deswegen können gut situierte Badewannentenöre ihre Arien jetzt sogar in der Scala intonieren. Auch der Prunk von Luxus-Whirlpool und Mailänder Opernhaus ist ähnlich.«

»Was redest du denn da für einen Käse!«

»Ich rede keinen Käse, ich quatsche höchstens Opern! In dieser Scala jedenfalls kannst du in der Badewanne liegen, und gleichzeitig hast du einen 42-Zoll-Plasma-Monitor vor dir. Für große Opern.«

»Ich mag keine Opern.«

»Das ist ja auch nur ein Beispiel! Du kannst ebenso gut ein Musical nehmen oder Spielfilme. Und damit das Planschen nicht zum Thriller wird, ist der Bildschirm selbstverständlich wasserdicht. Genauso wie DVD, CD, Radio und Unterwasserbeleuchtung.«

»Und die Bedienung?«, fragt die praktische Plopp, inzwischen doch neugierig geworden.

»Die Fernbedienung ist wasserdicht und schwimmend. Sozusagen der Quietscheentchen-Ersatz für Technikfreaks.«

»Aber in diesen Whirlpools sind doch immer solche Düsen«, gibt Plopp zu bedenken, »das ist schrecklich laut.«

»Ja«, stimme ich zu. »Deshalb ist auch ein Riesen-Dolby-Surround-System in der Wanne versteckt. Unten Düse, oben Dolby Surround. Allerdings (zwinker, zwinker) ist die Zahl der Sitzplätze im Blubberwattkino auf zwei begrenzt.«

Plopp wundert sich: »Wer kauft denn so was?«

»Nicht viele. Ist ja auch nicht gerade billig der Spaß. Kostet ungefähr 30 000 Dollar.«

Endlich finde ich den Prospekt zwischen zwei »Jungbrunnen«: eine Schönheitsklinik mit dem Schwerpunkt Augenlifting und eine Firma für das Ablaugen von Massivholzmöbeln …

Ich lese Plopp vor, was Roy Jacuzzi in seinen Überbadewannen-visionen durchs Hirn blubbert:

»›La Scala‹ soll Menschen ansprechen, welche eine Leidenschaft für die besten und exklusivsten Produkte haben. Als größter Whirlpoolbad-Hersteller der Welt wollen wir mit ›La Scala‹ ein dramatisches Statement setzen.«

»Das ist dekadent«, meint Plopp.

»Na und?«, sage ich. »Vornehm geht die Welt zugrunde. Ich wette, nirgendwo kann man sich den Film ›Titanic‹ lebensechter anschauen als in diesem Blubberbad.«

»Vor allem, wenn man das Wasser kalt dreht.«

Endlich lachen wir mal wieder. Und da das bekanntlich die beste Medizin sein soll, habe ich gleich noch mehr für Plopps Lachmuskeltraining parat:

Als Tscheers Sohn Robert mir einen Ausritt auf seinem Plastik-surfbrett (so jedenfalls hatte ich es verstanden) anbot, war ich zunächst nicht sonderlich begeistert. Doch als er den Namen »Wii Fit« erwähnte, packte mich die Neugier. Denn davon hatte ich schon viel gehört, weil sich Plopp seit Monaten als Widerstands-kämpferin engagierte, indem sie sich vehement gegen die Anschaffung dieses Spielzeugs wehrt. Obwohl sich ihr Jüngster, der acht-jährige Lukas, das Ding so sehnlich wünscht wie Männer einen Ferrari und Frauen einen begehbaren Kleiderschrank. Ich nenne das Teil zwar »Spielzeug«, aber Lukas würde mir da sicher scharf widersprechen. Er wird nicht müde, glaubhaft zu versichern, dass er ohne diese Videospielmaschine in seinem Freundeskreis »unten durch« sei. Das ausschlaggebende Argument für die von den endlosen Diskussionen fast schon mürbe gemachte Plopp ist allerdings die insgeheim gehegte Hoffnung, diese Spielekonsole mit Fitnessanspruch könnte auch für Lissy mal wieder ein guter Grund sein, sich ein bisschen zu bewegen. Und so denkt Plopp mittlerweile ernsthaft darüber nach, so ein Ding für ihren Sprössling anzuschaffen.

»Wii Fit« – klingt wie ein Sparmenü für Vegetarier bei McDonald's, ist aber eine Software, mit der man spielerisch abnehmen kann. Neugierig und gespannt sage ich Robert zu … Und noch am selben Nachmittag stehe ich auf diesem Plastikbrett, das aussieht wie eine Waage, erfreulicherweise aber keine Gewichtsanzeige hat.

Robert gibt mir mit großer Begeisterung eine Einführung in Sachen Wii-Balance-Board. Mit dieser Waage, die keine ist, kann man Ski fahren und springen, snowboarden und andere Sportarten absolvieren – natürlich nur virtuell.

Für den ersten Fitnesscheck muss der oder die Sportwillige Größe und Alter eingeben. Der Körpertest misst Schwerpunkt, BMI und Motorik.

»Bitte stelle dich auf mich«, sagt das sprechende Plastikbrett. Das muss die viel gerühmte asiatische Höflichkeit sein. Dieser erste nette Eindruck verfliegt, als mir gleich darauf leichtes Übergewicht attestiert wird. Von wegen Waage ohne Gewichtsanzeige! Da ist mir sogar meine Waage zu Hause lieber, die nüchterne Zahlen nennt, ohne die entsprechenden Implikationen über meine weiblichen Rundungen explizit auszusprechen!

Zudem ist die Comicfigur auf dem Bildschirm korpulent.

»Wieso, Robert, ist mein Figürchen so pummelig?«

»Weil es dich darstellt. Wenn du dünner wirst, wird es auch dünner!«

Robert lacht sich kaputt.

Nun wird das Wii-Fit-Alter errechnet. Das ist die nächste ganz große Gemeinheit! Es ist deutlich höher als mein reales Alter. Ich würde fast sagen, doppelt so hoch, aber die Skala reicht nur bis 100.

Auf diese drastische Art und Weise soll wohl jeder Faulpelz motiviert werden. Doch nicht mit mir! Wenn mein Wii-Fit-Alter mehr als zehn Jahre über meinem echten liegt, geht der Schuss nach hinten los. Allerdings bin ich noch motiviert genug, das freche Brett nicht vom Balkon zu werfen. Als erste Strafmaßnahme sollte es genügen, wenn ich mich mit meinem Gesamtgewicht draufstelle.

Meine Geduld wird jedoch sofort auf eine harte Probe gestellt: Kaum habe ich die uncharmanten Bemerkungen über Gewicht und Alter verdaut, muss ich mir nach dem Basis-Balancetest, bei dem es auf perfekte Körperhaltung ankommt, die Frage gefallen lassen:

»Neigst du dazu, oft zu stolpern?«

»Robert«, sage ich, »muss ich mich wirklich von einem unhöflichen Stück Plastik anpöbeln lassen?«

Der junge Mann ermuntert mich zu etwas mehr Respekt. In dem Inneren des Wii-Balance-Boards verberge sich schließlich Hightech vom Modernsten. Eine Fülle an Bewegungssensoren analysiert die Aktionen von Möchtegernsportskanonen.

»Das ist State of the Art«, erklärt er, »damit kommst du wirklich weiter. Die haben den menschlichen Körper in all seinen Bewegungen abgescannt und alles in kleine digitale Einheiten zerlegt, sodass von der Fußbewegung auf die gesamte Körpermotorik geschlossen werden kann.«

Diese Technikbegeisterung junger Männer hat doch etwas Unheimliches!

»Komm«, sagt Robert, »ich motivier dich jetzt mal. Du kannst auch Ski fahren!«

Und das wird wirklich ein Spaß … Schon nach zwei, drei Runden habe ich mich so gut an die Tour gewöhnt, dass ich spontan Roberts Vorschlag annehme, es nun mit dem Fortgeschrittenenparcours zu versuchen.

Und das wird wirklich … ein Fiasko: Ständig schlage ich gegen die imaginären Banden, ich wende und wedele, aber es geht und geht nicht vorwärts. Fast kommt es mir so vor, als wollte mein Computer-Alter-Ego störrisch den Berg hinauf statt hinunter. Nichts gehorcht mir mehr. Eher scheint es, als mache die Figur trotzig wie ein verärgertes Kleinkind immer genau das Gegenteil von dem, was ich will. Robert lacht sich halb tot. Ich gebe auf. Und in mir keimt ein Verdacht:

»Du hast da was manipuliert!«

»Ja«, gibt er amüsiert zu, »ich habe das Brett einfach anders herum gedreht. Zuuuuu lustig!«

Für den, der zusieht, bestimmt.

»Hast du denn geschwitzt auf diesem Wii-Ding?«, erkundigt sich Plopp.

Und Wii, pardon, wie!

In ihrem mütterlichen Ordnungstrieb legt Plopp die Prospekte wieder zurück auf einen Haufen, von dem uns »Feelgood: heute gibt's nur mich!« anlacht sowie die Zeilen: »Ran an den Herd!« und »Schluss mit dem Schäfchenzählen«, wobei es nicht um die Ausrottung einer Schafherde geht, sondern um den individuellen Schlaftyp.

»Wenn sich die Leute mehr bewegen würden, würden sie auch besser schlafen«, davon ist Plopp überzeugt. »Meinst du, dieses Wii-Ding wäre auch etwas für Lissy?« Ich zögere mit meiner Antwort, denn ich will Lukas nicht das Geburtstagsgeschenk verderben.

»Da Lissy und Robert gute Freunde sind, hat sie es natürlich schon mal ausprobiert …«

»Und?«

»Lissy ist ja ganz pfiffig. Sie hat es schnell herausgehabt.«

»Tatsächlich!« Plopp strahlt.

»Freu dich nicht zu früh. Sie hat ganz schnell herausgehabt,

Tscheer: Bei allen Produkten, die Veränderung, Verjüngung, Anti-Aging etc. anbieten sowie selbstwirkend, blitzschnell und mühelos anzuwenden sind: skeptisch bleiben.

Plopp: Menschen sind Jäger und Sammler. Vor allem Sammler. Eigenartige Dinge haben den Menschen schon immer Freude gemacht und zu ihrer Entspannung und Erholung beigetragen.

Man kann solche Dinge sammeln, bei der Sortierung eigene Gesetze aufstellen und die Regeln immerzu neu ändern, das Sammelgut und das Sammelziel selbst bestimmen. Aber sammeln Sie möglichst Produkte, die nicht so viel Platz wegnehmen und nicht im Laufe der Zeit riechen.

Watte: Es ist bekannt, dass Papier geduldig ist. Und wenn nun unser Auge wohlgefällig auf irgendwelchen Empfehlungen ruht, die eigentlich gar nicht wahr sein können, dann wollen wir doch nicht das Papier schelten, auf dem sie gedruckt sind, sondern uns selbst tief in die Seele blicken und prüfen, welche Wünsche da eigentlich nicht erfüllt sind.

dass man alle Spiele, für die man sich nicht auf das Board stellen muss, mit ein bisschen Übung auch prima vom Sofa aus spielen kann.«

Plopp sinkt deprimiert in den Sessel zurück.

»Aber vielleicht kann ich dich mit folgender Nachricht aufheitern. Robert und Lissy wollen gemeinsam einen Tanzkurs machen.«

»Robert macht freiwillig einen Tanzkurs?«

»Kam mir auch komisch vor«, gebe ich zu, »aber tanzen ist prima. Ist fast wie Sport.«

»Ja«, sagt Plopp, »tanzen ist gut. Lissy liebt Musik … Und du«, sie grinst mich an, »du wirst dich jetzt auch mehr bewegen.«

Ich schaue sie fragend an.

»Du gehst doch morgen zum Pilates, oder?«

Ja, morgen gehe ich zum Pilates. Aber jetzt schmeiße ich erst mal zwei weitere Prospekte weg, einen über Wellnessfutter für Mäuse (verspricht »das ultimative Geschmackserlebnis für alle Mäuse. Wellness pur bei nur 3,5 % Fett«) und einen über »Weine, die Sie berühren«. Ich will nicht von einem Wein berührt werden, ich will den trinken.

Deshalb hole ich uns ein Likörchen und widme mich hingebungsvoll den ökologisch einwandfreien Ingwer-Mohrrüben-Haselnuss-Törtchen. Denn morgen gehe ich ja zum Pilates.

Von Pontius zu Pilates

Die Pilates-Trainerin sieht aus, wie man sich eine Pilates-Trainerin vorstellt: gertenschlank, aber nicht dürr, von einer properen Präsenz, an der auch weibliche Rundungen Platz haben. Sie strahlt eine freundliche Zuversicht aus, nachdem sie mich von oben bis unten betrachtet hat, und spricht die motivierenden Worte:

»Na, das kriegen wir aber wieder hin!«

Ich möchte auf der Stelle gehen. Was ist denn da wieder hinzukriegen? Das ist doch alles … ganz in Ordnung, finde ich, bis …

»Wir fangen einfach mal an!«

… wir dann angefangen haben.

»Wir stellen uns einfach einmal gerade hin …«

Mach ich doch.

»… und ziehen diesen dicken Pulli aus.«

Ich hatte extra ein weites Sweatshirt angezogen, damit man den Bauch nicht so sieht.

»Doch, genau den wollen wir sehen«, insistiert sie, freundlich, aber hartnäckig. »Wir suchen jetzt mal unsere starke Mitte.«

Die muss ich nicht suchen, ich weiß, wo ich die finde. Alle Frauen in meiner Familie haben an derselben Stelle eine starke Mitte.

Diese Frau aber und ich, das ist jetzt schon klar, wir sprechen nicht dieselbe Sprache, sie und ich. Oder wie sie sagen würde: wir und wir.

Das macht ihr aber nichts aus, sie macht einfach weiter. Okay, denke ich, für Geld tue ja auch ich fast alles. Doch allmählich zerbröselt mein Widerstand an ihrem pädagogischen Geschick. Man lernt schließlich nichts Neues, wenn man immer nur dagegen ist. Und so folge ich ihren Anweisungen und atme tief in meine Mitte, also in meinen Bauch, um denselben beim Ausatmen einzuziehen, bis der Bauchnabel an die Wirbelsäule drückt und dadurch Schmerzen verursacht. Das sei ein positives Zeichen, flötet sie. Ich sei bewegungssensibel, und so würde ich ab jetzt immer atmen. Bei allen Bewegungen.

Anschließend verdeutlicht sie mir, was alle Bewegungen sein könnten: Ich muss auf einem wackeligen Kunststoffteller stehen, über ein Seil balancieren, das zum Glück auf dem Fußboden liegt, und mit geschlossenen Augen einen Parcours um Gegenstände herumlaufen. Danach fragt sie mich:

»Neigst du dazu, oft zu stolpern?«

Ich ignoriere die Frage.

»Dann befassen wir uns mal mit deiner Beweglichkeit.«

Darin bin ich gut. Ich kann praktisch alle Körperteile dahin legen oder biegen, wo sie es gerne hätte. Nur die Füße hinter dem Kopf zusammenfalten, das klappt nicht so gut, weil der Bauch im Weg ist.

»Den kriegen wir schon noch weg«, tröstet sie mich.

Als Nächstes erproben wir die Koordinationsfähigkeit: Es geht darum, kontrollierte Bewegungen zu machen. Dazu muss ich auf alle viere, dann den rechten Arm und das linke Bein ausstrecken und dabei schön so atmen, dass der Bauchnabel an der Wirbelsäule Schmerzen verursacht.

»Jetzt mal ehrlich«, empöre ich mich, »das ist doch keine normale Haltung. So eine Stellung gibt es nicht einmal im Tantra!«

Beim Pilates gehe es nicht um normale Bewegungen, erklärt mir meine Pilates-Trainerin, sondern darum, tief liegende Muskeln zu aktivieren und gerade solche anzusprechen, die selten benutzt werden. Dadurch entstehe eine Körperspannung, die die Fehlhaltungen im Körper … (Ich habe Fehlhaltungen im Körper?!) … kompensiert und zu einer Verbesserung des Allgemeinbefindens führt.

»Was machst du denn so an Sport?«, will sie wissen.

Ich fahre mit dem Rad Brötchen holen, gehe viel zu Fuß, wandere gerne in Ebene und Hügelland, gehe im Sommer schwimmen und im Winter Ski fahren, wenn ich muss, denn eigentlich kann ich Schnee nicht leiden. In meiner Jugend habe ich gerudert. Zudem mache ich, seit Robert mich damit angesteckt hat, viel auf dem Wii-Fit-Board.

Ich finde mich sportlich. Sie nicht. Sie sagt es nicht, aber ich spüre es.

»Ich stecke dir die Analyse und deinen Trainingsplan in den Bürobriefkasten«, verspricht sie.

Mein Büro – ich nenne es lieber »Atelier«, das klingt künstlerischer – liegt praktischerweise nur wenige Häuser neben der Pilates-Praxis. Mein Büro-Atelier ist sozusagen meine persönliche Arbeitswellnessoase. Es liegt mitten im Herzen der Stadt in einem alten Bezirk, in dem sanierte alte Häuser mit hohen Decken stehen und sich eine Menge fußläufiger Wellnesseinrichtungen wie Pizza-Schnelldienst, Thai-Food, Thai-Massage, Sparkasse, Reinigung, Post und eine Obst- und Salatbuchhandlung (!) tummeln. Nicht zu vergessen der Kiosk an der Ecke. Letzteren betreibt ein persischer Herr, der zwischen Schah und Ajatollah das Land verlassen musste und eigentlich Agraringenieur ist. Mit ihm kann man sich interessant über die Probleme im Nahen Osten unterhalten, und er ist extrem zuverlässig, wenn es um kleine nachbarschaftliche

Dienstleistungen geht wie das Ab- und Übergeben von Schlüsseln und das Aufbewahren von Päckchen.

Arbeitswellness besteht für mich in kurzen Wegen und darin, dass die vielen kleinen Aufgaben, die immer so viel Zeit kosten, im Rahmen sozialen Austauschs schnell und weitgehend kostenfrei erledigt werden.

Sie kennen ja den Spruch: »Hinter jedem großen Mann steht eine tüchtige Frau.« Klar. Denn man kann kein Imperium gründen, wenn man zwischendurch immer wieder vom Schlachtfeld runter muss, um zu sehen, ob die 60-Grad-Wäsche schon fertig ist. Männer haben daher ein ausgeprägtes Talent, Dienstleistungen völlig selbstverständlich in Anspruch zu nehmen. Wohingegen eine Frau das Gefühl hat, sich schon dafür rechtfertigen zu müssen, wenn sie nach dem Friseur mit dem Taxi durch den Regen nach Hause fährt. Aber nicht mit mir. Wenn hinter mir tüchtiger Frau schon kein großer Mann steht, dann wenigstens ein effizientes Arbeitsumfeld.

Das kleine Büro in der großen Stadt wird natürlich nicht nur von mir genutzt. Ich stelle es auch bereitwillig meinen Freundinnen zur Verfügung. So legt Plopp dort öfter mal die Füße hoch (auf der »Besetzungscouch«, wie meine Freundinnen das Möbelstück schamlos nennen), um sich während der Shoppingtouren mit ihrem Nachwuchs kurz zu erholen, bevor sie diesen wieder im Kaufhaus einsammelt.

Meine großstädtische Arbeitswellnessoase eignet sich aber auch für zwischenmenschliche Begegnungen aller Art. Eine diskrete Atmosphäre, die Tscheer bisweilen zu schätzen weiß. Auch ich selber übernachte dort gelegentlich, vor allem, wenn es mir nach intensivem Pilates-Training schmerzgepeinigt nicht mehr gelingt, mich unter dem Steuer meines tiefgelegten Kleinwagens zusammenzufalten. An solchen Abenden entfaltet sich die Umwelt meiner Arbeitswellnessoase zu schönster Blüte. Denn des Nachts sprießen zahllose kleine Cocktailbars aus dem Asphalt, die »Bar Chérie« zieht die Rollläden hoch, Würstchen Willi lockt mit seinen Düften Passanten an seinen Stand wie eine Orchidee die Fliegen, und in der Sportsbar läuft Premiere.

Ich verkehre am liebsten in der Sportsbar, wegen des Sports natürlich. Vor allem, wenn ich pilatestechnisch völlig erledigt bin, habe ich ein größeres sportliches Einfühlungsvermögen. Dann bin ich wandelnde Empathie.

Und so blicke ich gerade empathisch auf ein wichtiges Spiel der Champions League und sehe ein Foul. Dann die Wiederholung. Der Fuß des Verteidigers tritt mit Karacho gegen das Schienbein des Angreifers; der stürzt; der Fuß zieht nach; trifft die Innenseite des Oberschenkels – und dann zwischen die Beine.

Ooaoaoah, denke ich, auch als Nichtgetroffene, das muss wehtun. Der Schiedsrichter pfeift, es gibt einen Freistoß, der Gefoulte schüttelt sich und läuft weiter.

»Wie macht der das denn bloß?«, frage ich laut.

»Die nehmen alle Schmerzmittel«, sagt neben mir ein schlaksiger Typ mit Falsettstimme, der ebenfalls mitgelitten hat. »Ohne Schmerzmittel geht das gar nicht.«

Vorbeugend sozusagen. Tscheer sagt auch, bevor man auf eine feuchtfröhliche Party gehe, solle man zur Kopfschmerzprophylaxe ruhig mal zwei Aspirin einwerfen …

»Sind Schmerzmittel denn kein Doping?«

»Nö, nicht direkt. Die sind ja nur leistungsermöglichend, nicht leistungssteigernd.«

Millionen von Frauen erledigen ja auch trotz heftiger Regelschmerzen ihre Arbeit …

»Also, wenn ich meine Tage habe, nehme ich immer etwas Krampflösendes«, sagt der Typ neben mir. Die Stimme kenne ich doch! Der Typ ist gar kein Typ, sondern eine bekannte Radio-

Sportreporterin. Ich bin, was Prominente betrifft, manchmal etwas vernebelt, lasse mir aber nichts anmerken und sage:

»Schmerztabletten auf der Arbeit, ich finde, das ist ein klarer Fall von Doping. Zwei Millionen Deutsche putschen sich künstlich auf, habe ich neulich in der Zeitung gelesen.«

»Können sie ja machen«, sagt die Sportreporterin, »nur im Sport sollen sie es lassen.«

»Warum? Wegen der gesundheitlichen Risiken und Spätfolgen?«

»Auch, aber hauptsächlich weil man die Leistungen der Athleten vergleichen will. Fair.«

Im normalen Leben, denke ich, sucht jeder seinen Vorteil mit allen möglichen Tricks, aber da kümmert sich keiner um sportliche Fairness.

Ich bestelle einen Wodka Cranberry, weil die Bedienung sonst nicht aufhört, uns zu erklären, das sei der »New Drink of the Summer«. Jedenfalls in New York. Ich bin nicht in New York, aber durstig.

»Cranberry ist gut«, sagt die Sportreporterin. »Soll sehr gesund sein.«

»Na, dann bestelle ich mir gleich einen Doppelten.«

Doch mit diesem Scherzlein bin ich an die Falsche geraten.

»Aber ohne Wodka.«

Sie nuckelt an ihrem isotonischen alkoholfreien Weizenbier.

Schon gut, ich weiß es ja: Alkohol ist gesellschaftlich immer weniger angesagt. Da braucht man sich nur mal das Wehklagen der Brauereien anzuhören.

Also kommen nun zunehmend sogenannte Wellnessgetränke auf den Markt. Bier mit ein bisschen weniger Alkohol, dafür aber mit ein bisschen Zucker. Und unterm Strich bleibt offen, ob Kalorienbelastung und Suchtfaktor nicht doch wieder gleich hoch sind …

Aber eben auch Doping im Haushalt kommt immer mehr in Mode. Zum Beispiel Viagra. Das war ursprünglich ein Medikament, um in schweren Fällen zu helfen, weil damit bekanntlich das männliche Selbstbewusstsein steht. Und fällt. Heute ist es ein schamfrei anerkanntes Mittel der Ehehygiene zum reibungslosen Betrieb der Kurzhantel.

Plopps Mutter überraschte uns einst mit einem kleinen Gedicht zu diesem Thema:

Der Birkhahn und der Auerhahn,
die balzen im April.
Da ist der Jäger besser dran,
kann balzen, wann er will.
Doch ist er einmal älter,
der stolze Jägersmann,
balzt er nun nicht mehr,
wenn er will, er balzt dann,
wenn er kann.

Die Sportreporterin freut sich.

»Ist lustig«, sagt sie, »aber tatsächlich überholt.«

Die öffentliche Meinung zu dem Thema, in allen Varianten breitgetreten, lautet: Sex an sich ist gut und gesund und trägt zum Wohlbefinden bei. Sexuelle Unabhängigkeit wird in vielen Wellnessbeschreibungen an erster Stelle genannt. Grundsätzlich möchte ich dem beipflichten.

Zumindest für Männer gilt das bestimmt.

Frauen sind in dem Punkt nach wie vor ein bisschen anders gestrickt und haben diese altmodischen Vorstellungen von körperlicher Liebe in Kombination mit Beziehung und fester Bindung und so weiter. Angeblich, das weiß ich vom Hörensagen, könnte die eine oder andere Frau in reiferem Alter sogar ganz auf Sex verzichten, aber das passt momentan nicht ins Bild der öffentlichen Selbstwahrnehmung. Denn man hat heute ein ausgeglichenes Sexualleben zu haben beziehungsweise – verdammt noch mal – ein solches haben zu wollen. Anders ausgedrückt: Männer und Frauen haben unten herum verschiedene Probleme und verschiedene Er-Lösungs-Hilfsmittel: Wenn Männer nicht können, nehmen sie Viagra. Wenn Frauen nicht können, nehmen sie Actimel. Oder Dörrpflaumen.

Mehr und mehr Frauen behaupten allerdings, dass die Lust mit zunehmendem Alter wächst. Was nachlässt, ist die Lust auf den eigenen Partner …

Die Sportreporterin schaut auf die Uhr.

»Ich muss gleich los. Meine Freundin von der Arbeit abholen.«

Angesichts der fortgeschrittenen Stunde frage ich: »Gastronomie?«

»Nee, Pilates. Meine Freundin ist Personal Trainer. Einige ihrer Kunden können nur spätabends. Manchmal hat sie es echt mit Irren zu tun. Heute war zum Beispiel eine Frau bei ihr, die hat behauptet, beim Einatmen würde der Bauchnabel Schmerzen an der Wirbelsäule verursachen.«

Am nächsten Morgen weckt mich Plopp, die sich ein ganz kleines bisschen wundert, warum ich um zwölf Uhr noch auf der Besetzungscouch liege.

»Na? Ist wohl gestern Abend etwas später geworden?« Haarscharf kombiniert.

»Ich habe dir die Post mit hochgebracht.«

Unter den Anschreiben erkenne ich sofort das Pilates-Motiv »Starke Mitte« mit dem vitruvianischen Mann, der berühmten Figur im Kreis von Leonardo da Vinci.

»Na? Was schreibt sie denn?«, fragt Plopp neugierig, denn sie hat mir schließlich den Pilates-Kurs geschenkt.

Das Papier atmet dieselbe makellose Frische wie die Trainerin und ihr Arbeitsraum, aber der Inhalt des Schreibens ist vernichtend.

»Sie haben keine Muskeln, und Ihre Sehnen sind überdehnt, weil Sie zu schwer sind. Also sollten Sie abnehmen und mehr Sport treiben.«

Super! Wirklich erschüttert bin ich aber, als ich feststelle, was »mehr Sport treiben« de facto bedeutet: Ich zähle die Zeiteinheiten für Ausdauer- und Kraftkoordinationstraining zusammen und komme auf mindestens zwei Stunden. Pro Tag.

»So viel habe ich doch noch nie in meinem Leben gemacht«, sage ich. »Außerdem weiß ich überhaupt nicht, warum in letzter Zeit alle auf meinem Gewicht rumhacken! Angeblich sind doch meine Augen das Schwerste an mir.«

»Na ja«, Plopp kräuselt die Oberlippe, »du bist wirklich ein bisschen zu dick, und Lissy …«

Jetzt reicht's mir.

»Lissy ist nicht zu dick! Sie ist einfach nur ein bisschen zu schwer für ihr Alter.«

»Ja, das weiß ich doch auch«, gibt Plopp zu. »Nur jetzt – und das macht mir Sorgen – will sie mit Gewalt abnehmen, weil sie gerade im Hannah-Montana-Rausch ist.«

Ein erklärungsbedürftiges Thema, für alle Nichteltern und Ü-Sechzehnjährigen …

Lissy ist zurzeit ein ganz großer Fan von Hannah Montana alias Miley Ray Stewart. Beziehungsweise von Miley Cyrus, der jugendlichen Sängerin und Schauspielerin, welche die Kunstfigur Hannah Montana verkörpert. Die steht auf der Teeniehitliste ganz oben. Erfunden hat sie der Disney-Konzern, der gelernt hat, dass man mit Donald Duck, der exhibitionistischen Ente ohne Hosen, und mit der besserwisserischen Mickymaus, deren Piepsstimme nur von Verona Pooths Organ getoppt wird, an der Zielgruppe vorbei arbeitet. Mission erfüllt, denn mittlerweile läuft die crossmediale Marketingmaschinerie Hannah Montana extrem erfolgreich. Früher gab es allerhöchstens das Buch zum Film. Im Fall von Hannah Montana aber gibt es den Kinofilm zur Fernsehserie zum Computerspiel zum Buch zur Bettwäsche. Weiß ich alles von Lissy.

Hannah Montana ist, so meine Nachhilfelehrerin in Sachen Jugendkultur des 21. Jahrhunderts, ein Mädchen, das ein Doppelleben führt: als Landei und Popstar.

Damit kann sich Lissy, die zwischen Ploppenburg und Großstadt pendelt, prima identifizieren.

Miley Cyrus hat eine niedliche Figur. Doch die große Diskussion, die aktuell in allen möglichen Teeniechats geführt wird, ist, ob sie Babyspeck hat. Gesäumt von zahllosen Artikeln und Berichten in den Medien.

»Mensch, Plopp«, sage ich, »da könnte ich ausrasten.«

Die Medien verdammen und loben abwechselnd den gleichen Sachverhalt beziehungsweise Menschen. Da taumelt ein völlig normalgewichtiges Mädchen angeblich zwischen Bulimie und Babyspeck, zwischen Magersucht und Übergewicht hin und her. Nur, weil die Medien daraus ein Thema machen. Absolut gewissenlos! Einige Magazine schaffen es sogar in ein und demselben Artikel, Hannah Über- *und* Untergewicht zu attestieren.

Und der Speck der Medien, schimpfe ich, ist die fette, glibberige Information, die am Rande der Publikumsaufmerksamkeit hängen bleibt wie sieben Tüten Gummibärchen am Hintern.

»Boah, so ein Kater bringt dich richtig in Form!« Plopp lacht.

Vor allem in den Boulevardmedien ist zu erleben, wie die Eventualität von irgendetwas immer wieder aufs Neue als vermutliche Wahrscheinlichkeitsmöglichkeit dargestellt wird. »Hat sie Fresssucht? Britney Spears' peinlicher Auftritt im TV!« Samt unvorteilhaftem Schnappschuss. Daneben ein stylisches Foto mit eingezogenem Bauch und geschürzten Lippen zwecks operationsloser Wangenreduktion: »Da sah sie noch perfekt aus.«

Die Medien lieben nichts mehr als die Dekonstruktion der Götter, die sie zuvor selbst geschaffen haben. Hab ich Dekonstruktion gesagt? Ich meine Destruktion. Und die schaulustige Zielgruppe ruft bekräftigend im Chor: »Unsere tägliche Britney gib uns heute!« Das Publikum liebt Drama Queens. Und wie im klassischen Drama: Je größer die Fallhöhe, desto schöner der Aufprall. Britney, sei unser aller Unschuldslamm. Opferlamm. Von der Disneyfigur zum Schulmädchen zur Kindfrau zur Jungfrau zur heiligen Hure.

Britney heißt natürlich schon längst nicht mehr Britney. Life is too short for boring celebrities. Die neue Britney heißt Hannah.

Die Meldung vom zu dicken oder zu dünnen, zu nüchternen oder zu betrunkenen, zu verheirateten oder zu promisken Star wird dann so lange mit immer denselben Bildern und Inhalten wiederholt, bis sie einem zum Halse raushängt. Das ist journalistische Bulimie. Zum Kotzen!

»Möchtest du vielleicht erst mal etwas essen?«, fragt Plopp und packt selbst gebackene Dinkelkäsekekse aus. (Haben Mütter eigentlich eine eingebaute Verpflegungsstation?) Da es noch kein Frühstück gab, greife ich zu, lasse mich aber nicht vom Thema ablenken.

»Ich meine, wer erlaubt es den Zeitschriften, sich immer wieder selbst zu kopieren? Na?«

»Ist doch klar.« Plopp kaut und schluckt. »Der Verbraucher. Der die Hefte kauft«.

»Genau«, sage ich, »wir selber. Wir, die Leser, die solche Informationen gierig aufsaugen, obwohl wir ihren Inhalt schon längst kennen. Das Einzige, was beizeiten neu ist, ist die Bewertung. Gewicht ist ein Paradebeispiel dafür …«

Darauf noch einen gesunden Dinkelkeks.

»Unzählige Publikationen widmen sich in irgendeiner Form dem Idealgewicht, dem Body-Mass-Index … Das wie-auch-immer perfekte Gewicht ist ein anderes Wort für ›gesund‹ – und damit werden wir tyrannisiert.«

In zivilisierten Ländern reicht die Gewichtsbewertung von »ausreichend essen« bis »Wie schütze ich mein Kind vor Verfettung«. Und dazwischen hocken wir Kulturmenschen mit unserem mehr oder weniger misslungenen Idealgewicht.

Und die öffentliche Meinung ist wieder ganz vorne dabei, wenn es darum geht, die blödsinnigsten Dinge zu diskutieren. Zum Beispiel diese Schokotafelaufschriften. Oder die Punktkennzeichnung, um Lebensmittel als gefährlich zu outen. Plötzlich sieht es so aus, als seien diese Lebensmittel per se gefährlich. Als griffe ein Lebensmittel an, als lauere es nur darauf, dir mit Absicht eins auszuwischen. So angriffslustig sind aber nicht mal Mücken. Die haben nur Hunger! Die lauern ja nicht mir speziell auf, sondern die suchen nur irgendeinen Eiweißträger. Und Mücken mögen nun mal lieber »Mensch« als »Hühnchen«, weil sie im letzteren Fall so schlecht durch die Federn durchkommen …

Also noch eine Ampel. Diesmal auf Verpackungen. Rot. Gelb. Grün. Geht gar nicht. Geht so. Geht. Staatliche Ernährungserziehung. Beschwerden kamen von der Lobby der deutschen Süßwarenindustrie. Wen wundert's. Allerdings wies sie auch darauf hin, dass sich die roten Punkte dann nicht nur auf einem Schokoriegel, sondern auch auf Speiseöl befänden.

Mit diesem Argument kann ich auch bei Bio-Plopp landen …

»Tja. Da haben die leider recht!«

Denn das richtige, das Native Olivenöl extra, steht in der öffentlichen Meinung weit oben. Oder das wertvolle Arganöl. Oder das in ökologischen Destillen gewonnene, kalt gepresste jungfräuliche Pflanzenöl.

Pflanzliche Öle zählen ja allesamt zur Kategorie der fetten Öle. Und für die Fetten möchte ich jetzt mal eine Lanze brechen. Die dicken Menschen, meine ich, nicht die fetten Öle. Irgendwer muss schließlich mal zur Ehrenrettung übergewichtiger Menschen auf den Tisch hauen! Ich stelle also ein Bein auf den Bürostuhl, um eine heldenhafte Pose einzunehmen. Und da ich gerade als Marquise de Posa in Schwung bin, formuliere ich hier mein drei Punkte umfassendes kaloristisches Manifest:

I

Dicke Menschen haben nicht per se einen schwachen Charakter!
Begründung: Laut Medien sind dicke Leute doof – und so ungebildet, dass sie nicht einmal mitkriegen, welches Essen dick macht. So doof kann man nur in der Unterschicht sein, so der mediale Schluss. Wegen Hartz IV sitzt man dann den ganzen Tag zu Hause, raucht, trinkt und isst Fast Food, bekommt Bluthochdruck und Schlaganfall. Doof, denn die Dicken bekommt man so schlecht ins Krankenhaus. Ein gewichtiger Teufelskreis. Und ein Armutszeugnis – für die Medien, welche die Welt mit derartig geistiger Verknappung darstellen beziehungsweise entstellen.

II

Kampf der Ahnungslosigkeit!
Begründung: Erst bei einem BMI von 30 oder – laut der alten La-Broca-Faustformel – bei einem Übergewicht von 20 Prozent steigt verschiedenen Studien zufolge die Anfälligkeit für die berühmten Herz-Kreislauf-Erkrankungen, was die Krankenkassen ja ach so viel Geld kostet, da die dickendoofen Menschen dann noch fünf Jahre in Krankenhäusern und unter ärztlicher Aufsicht dahinsiechen und unsere Beiträge verjuxen.

III

Sieg der Natur!

Menschen mit einem leichten Übergewicht erholen sich bei Krankheiten und Operationen rascher, weil sie etwas zuzusetzen haben, wie meine Oma sagen würde.

Und schließlich – ich springe auf den Schreibtisch, um meinen Worten mehr Gewicht zu verleihen! – möchte ich an dieser Stelle (ich trete mit dem rechten Fuß gegen einen Stapel Beauty- und Wellnesszeitschriften) Partei ergreifen für die Wehrlosen: die Lebensmittel an sich. Die Schokolade ist unschuldig! Lebensmittel können nichts für ihren Nährstoffgehalt! Nicht jeder, der eine Tafel Schokolade isst, muss fett werden. Eine solche Schuldzuweisung ist daher unzulässig!

»Jetzt komm mal wieder runter«, mahnt Plopp kichernd. »Mariposa ist ein Schmetterling, bei aller Liebe, du nicht. Auch deine Schreibtischplatte hat ein Wohlfühlgewicht!«

»Natürlich gibt es ein Wohlfühlgewicht (da stimme ich mit dem kurschattigen Schleimer in der Bar von Bad Hohdenlohse überein), ein Gewicht, mit dem *ich* mich wohlfühle, ein Gewicht, mit dem du dich wohlfühlst oder er oder sie oder es. Nur die sogenannte öffentliche Meinung ist in dieser Sache überhaupt keine Hilfe. Sie ist haltungslos, um nicht zu sagen haltlos. Sie schwätzt vor sich hin, gibt zu allem und jedem ihren (nährstoffarmen) Senf dazu und gebärdet sich dabei aufklärerisch …«

»Diese Pilates-Trainerin hat dich ein wenig beleidigt, nicht wahr?« Plopp schaut mir ins Herz.

Ich gebe es ja zu. Ich wiege ein bisschen zu viel und habe ein schwaches Bindegewebe. Plopp versucht, mich zu motivieren:

»Aber du wärst nicht Watte, wenn du nicht tapfer wärst. Morgen gehst du da wieder hin!«

Plötzlich fällt mir auf, dass Plopp mich an zwei aufeinanderfolgenden Tagen besucht. Etwas ungewöhnlich.

»Du bist gerade so dünnhäutig wegen der Sache mit Tscheer.«

So ist das also. Tscheer ist krank, und Plopp passt auf, dass ich keine allzu großen Dummheiten mache. Ich zucke die Achseln. Plopp nimmt mich in den Arm. Das tut gut.

SPORT UND WELLNESS

Tscheer: Natürlich kommt man um Bewegung im Rahmen eines ganzheitlichen Ansatzes nicht herum. Aber es muss ja nicht gleich Sport sein!
Also: Kleine, kontrollierte, disziplinierte Bewegungen – und mit diesen auf die Problemzonen hinarbeiten, damit diese die Problemzonen wegarbeiten.

Plopp: Sport, Beweglichkeit, körperliche Leistungsfähigkeit erhöhen die Lebensfreude. Viele Menschen werden deshalb unglücklich, weil sie die falsche Sportart ausüben. Prüfe also, welcher Typ du bist und welche Sportart für dich infrage kommt.

Watte: Der Nachteil bei jeglicher Art von sportlichem Engagement ist, dass auch etwas kaputtgehen kann. Vor allem bei »Gerätesport« wie Golf, Rudern, Drachenfliegen. Besser prüfen, ob die Versicherungssummen hoch genug sind!

In der nächsten Pilates-Stunde ist die Trainerin wieder ganz Geduld und Ausgeglichenheit. Jedes meiner Argumente prallt an ihr ab wie Regentropfen auf einer Windschutzscheibe.

»Sehen Sie«, sagt sie in ihrer pädagogischen Art, »die Frage ist doch, wie man die nächsten Jahre und Jahrzehnte verbringen möchte. Wenn Sie nichts für Ihren Körper tun, wird Ihr Körper irgendwann machen, was er will, und dann, das garantiere ich Ihnen, ist es mit Ihrer Wellness vorbei.«

»Pöh«, keuche ich, denn ich arbeite gerade an meinem Powerhouse. Das ist das In-Wort für starke Mitte. Wie befohlen, mache ich ganz eigenartige Sit-ups: Auf dem Rücken liegend und einen Ball zwischen die Knie geklemmt, muss ich mich nur wenige Zentimeter aufrichten. Wirkt wie eine ganz leichte kleine Übung, es ist aber verflixt schwer, dabei zu sprechen, wenn man tief atmet und den Bauchnabel …

»Man kann durchaus etwas dafür tun, gesund zu bleiben«, behauptet die Pilates-Lehrerin. »Gifte vermeiden, gesunde Dinge zu sich nehmen und den Körper harmonisch belasten. Man kann die Uhr nicht zurückdrehen, aber in seiner Gesamtheit ist es das effektivste Anti-Aging.«

Ja, ja, denke ich und atme in meine starke Mitte hinein. Aber was nützt das beste Anti-Aging, solange es kein Anti-Dying-Konzept gibt?

Meditation in der Sauna

mmer noch erschöpft von den seelischen Erregungen der letzten Tage, dem übermäßigen Nachtausflug und den sportlichen Höchstleistungen, beschließe ich, dass dieser Tag der perfekte Zeitpunkt ist, um einen weiteren Gutschein einzulösen: »Meditation in der Sauna«.

Ich melde mich nicht an, sondern fahre einfach hin, fest entschlossen, diesmal nichts zu erwarten. »Meditation in der Sauna« findet am Stadtrand in einem umgebauten Kloster statt. Im vorderen Teil des Areals ist ein Hotel untergebracht, in dessen Foyer ein überlebensgroßer Mönch aus Wachs herumsitzt. Von hier aus gelangt man in den ehemaligen Klosterhof. Ein kleiner Garten mit Rosen und Buchsbäumchen, Kräuterpflanzen und Gemüse. »Lobet den Herrn« vermischt mit »Dienet dem Magen«.

Auf der einen Seite des Hofes liegt das Restaurant, das die Früchte dieses Gartens nutzt, auf der anderen Seite sind die Saunaeinrichtungen untergebracht. Wirkt zunächst wie eine schick aufgemachte Sauna, aber nicht spektakulär. Doch die Baderäume fügen sich schön in das klösterliche Ensemble ein.

Ein fröhlicher junger Kerl in knappem, kurzärmeligem T-Shirt, das seine Oberarme gut zur Geltung bringt, überreicht mir Badetücher, Bademantel und Badelatschen aus Bambus und erklärt mir die Regeln: Zu jeder halben Stunde gibt es einen Aufguss, zu jeder vollen Stunde ein Meditationsangebot. Gesprochen werde so wenig wie möglich und wenn, dann bitte leise. Im Übrigen wünsche er mir gute Erholung.

Die Stille ist tatsächlich auffallend und kommt mir sehr entgegen. Das Einzige, was man hört, sind Vögel, die ab und zu piepen. Und aus der Ferne spielende Kinder, da unterhalb des Anwesens, auf halbem Hang, ein Kindergarten liegt …

Ich kleide mich aus und um. Schlüpfe in meinen leinenen Bademantel. Dabei denke ich, dass es bei allen Wellnessanwendungen sehr wichtig ist, sich schnell an- und ausziehen zu können. Wer im Entledigen der Kleidung nicht fit ist, bleibt bei der ganzen Wellness auf der Strecke.

Und Wellnessanwendungen sind häufig frisurenfeindlich. Ich vermute, viele Frauen gehen deshalb nicht zum Wellness oder zum Schwimmen, weil die Haare danach durcheinander sind. Aber zum Glück gibt es ja eine Entwicklung, die zur Wellness vieler sport- und naturbegeisterter Frauen beigetragen hat. Denn wenn es etwas gibt, wo in den letzten vierzig Jahren tatsächlich Evolution stattgefunden hat, dann ist es die Haarschneidekunst. Dass es moderne Frisuren gibt, die auch nach schlichtem Waschen und Lufttrocknen in die richtige Form fallen, ist eindeutig Fortschritt! Die Befreiung der Frau um den Kopf herum. Eventuell sogar im Kopf … Wenn frau, um gut und gepflegt auszusehen, nur einmal im Monat oder alle sechs Wochen zwei Stunden in den Friseurbesuch investieren muss, dann haben wir es doch viel besser als unsere Muttis und Omis. Die mussten jedes Wochenende Haare aufwickeln, Dauerwelle, Wasserwelle und sich bei Regen im nächsten Hauseingang verkriechen. Wir hingegen müssen nur husch, husch ein wenig Wet Gel hineinzuzzeln, fertig. Natürlich sieht es, wenn es der Friseur macht, ein bisschen besser aus. Noch so ein

Unterschied zu den Zeiten vor der Haaremanzipation: Früher machten wir uns die Haare durcheinander, wenn wir vom Friseur kamen, damit es ja nicht so aussah, als kämen wir vom Friseur. Heute will so gut wie jede, dass alle auf den ersten Blick erkennen: Die war beim Stylisten …

Unterdessen inspiziere ich die Räumlichkeiten in dem historischen Gemäuer. Durch die Wandelgänge gehen, nein, schreiten die Besucher mit mehr oder weniger verhüllenden Badetüchern, -mänteln oder gleich ohne gemächlich zu ihren Sitzgelegenheiten, Fußbädern und Liegen. Es scheint nicht sehr voll zu sein. Das Ganze atmet keine asketische Kargheit, sondern klösterliche Fülle. Wenn es so etwas gibt. Ich spüre auf einmal, wie reich und erfüllend die Abwesenheit von etwas sein kann. In diesem Fall die Abwesenheit von Lärm, hohlem Geschwätz und Sphärendideldum. Ach was, schelte ich mich, das liegt bloß an deiner Nonnenschulensozialisation, dass du dergleichen Dinge jetzt idealisierst. Das hier ist einfach eine simple, wenn auch sehr schöne Sauna ohne Krach und Dideldum!

Ich gehe das erste Mal schwitzen und bin pünktlich zum Aufguss da. Der junge Kerl vom Empfang trägt nun nur ein Leinentuch um die Lenden. Ein weiteres über seinem linken Unterarm.

»Der Aufguss!«, verkündet er, und alles richtet sich erwartungsfroh auf. Er gießt Wasser über die heißen Steine auf dem Ofen.

»Wer empfindliche Augen hat, möge sie nun schließen«, dann beginnt er zu wedeln.

Wer kann da schon die Augen schließen, wenn so ein bildschöner Bursche das Tuch nimmt und die heiße Luft durch den Raum schlägt … Schweißperlen rinnen seinen muskulösen Rücken hinab, der Bizeps des Oberarms hüpft mit jedem Schlag.

Ich gehöre jedenfalls nicht zu den Menschen, die bei solchen Gelegenheiten die Augen schließen. Ich würde dafür kein Geld bezahlen, aber wenn es im Eintritt inbegriffen ist … Zwar gehe ich auch ins Museum, um Ästhetik und Kunst in vollkommener Form zu sehen. Aber ein ästhetischer Körper in konzentrierter Bewegung, das ist noch etwas anderes. Das ist eine Steigerung von Schönheit, das ist Grazie. Wie auch Tscheer sie entwickelt, wenn sie sich einer Sache mit Hingabe widmet – und sei es dem Tranchieren eines Hühnchens. Oder Plopp in Aktion. Wenn Plopp läuft, ist es, als entfalte sich ein neues Element zwischen Himmel und Erde, die Vollendung von Energie und Geschwindigkeit in Bewegung.

Der athletische junge Mann kündigt einen letzten heißen Schlag an, und schon wirbelt er mit doppelter Kraft die heiße, feuchte Luft. Mit Wucht landet sie auf den ergeben Schwitzenden. Eine Welle des Wohlgefühls rollt an und über mich hinweg. Die Poren öffnen sich. Vereinzelte Ahs und Ohs sind zu hören. Ich muss nun doch die Augen schließen, es brennt.

Zur Entspannung wähle ich eine Liege am offenen großen Fenster. Der frische Luftzug tut meiner Lunge gut. Mein Blick schweift über den Hang und die Ausläufer der großen Stadt. Es liegt in meiner Natur, es einfach schön zu finden, wenn es schön ist. Seit langer Zeit komme ich endlich wieder einmal zur Ruhe. Ich fühle mich wohl – und spüre plötzlich eine Sehnsucht in mir. Wonach? Natur? Wie gerne würde ich wieder einmal ein paar Tage wandern gehen … Ich? Wandern? Na ja, zumindest ein paar Tage nicht zur Verfügung stehen, nichts erledigen müssen, nicht präsent sein. Kein Handy. Kein Internet. Keine Termine. Auf die Dinge blicken, ohne ein Teil von ihnen zu sein. So wie in diesem Moment.

Ein weißbärtiger, durchaus kräftig gebauter Mann betritt den Raum. Er trägt das Leinentuch – offenbar die Dienstkleidung hier –

wie eine Toga gebunden um die Schulter. Seine Oberschenkel könnten auch einem Gewichtheber gehören. Er schlägt ein Buch auf und sagt: »Rilke.«

Jetzt folgt wohl die Meditation. Der eine oder andere öffnet die Augen, um ihn zu sehen. Er liest:

»Das Kleine ist ebenso wenig klein, als das Große groß ist. Es geht eine große und ewige Schönheit durch die ganze Welt, und diese ist gerecht über den kleinen und großen Dingen verstreut; denn es gibt im Wichtigen und Wesentlichen keine Ungerechtigkeit auf der ganzen Erde.«

Ich lehne mich zurück. Was die Schönheit betrifft, hat er mir aus dem Herzen gesprochen, und ich danke dem Himmel, dass er mir die Gabe gegeben hat, dies zu erkennen. Aber dass es im Wesentlichen keine Ungerechtigkeit auf der Welt gebe? Da möchte man doch zögern. Da sind sie, all diese Fragen des Wieso und Warum, angefangen bei meiner starken Mitte über die Erderwärmung bis hin zu Tscheers Krankheit. Und – eine Frage, die ich mir selten gestatte – warum es mir nie gelungen ist, eine beständige Lebenspartnerschaft aufzubauen …

»Fragen.« Der weißbärtige Mann hat seine Position im Raum verändert, sodass sein mächtiger Oberkörper nun einen imposanten Schatten an die Wand wirft. Die Toga ist ein wenig verrutscht und gibt den Blick auf einen mächtigen Gluteus frei.

»Rilke schreibt an einen Freund.«

Er hält kurz inne, bevor er vorliest:

»Ich möchte Sie, so gut ich es kann, bitten, Geduld zu haben gegen alles Ungelöste in Ihrem Herzen und zu versuchen, die Fragen selbst lieb zu haben wie verschlossene Stuben und wie Bücher, die in einer sehr fremden Sprache geschrieben sind.

Forschen Sie jetzt nicht nach den Antworten, die Ihnen nicht gegeben werden können, weil Sie sie nicht leben könnten. Und es handelt sich darum, alles zu leben. Leben Sie jetzt die Fragen. Vielleicht leben Sie dann allmählich, ohne es zu merken, eines fernen Tages in die Antwort hinein.«

Er schließt das Buch und geht.

Mir schießen zahllose Gedanken durch den Kopf. Die Fragen lieb haben. Mir fallen so einige Fragen ein, und ich versuche, sie alle lieb zu haben, auch wenn es mir schwerfällt. Warum zum Beispiel gibt es Wellnessfutter für Ziermäuse? Wieso hält man sich überhaupt Mäuse als Haustiere? Vor ein paar Jahren noch stellte man sich deretwegen kreischend auf Stühle.

Ist Spaßbier mit Orangengeschmack wirklich gesünder als ein Pils?

Wieso tragen sich Frauen Falten entfernende Cremes mit rilligen Fingerkuppen auf?

Weshalb ist Doping im Sport verboten, während sich der Rest der Welt mit Hilfsmitteln zuknallt – von Aspirin bis Viagra, vom Schlaftee bis zum Aufputschkaffee?

Warum ist jeder mit seinem Aussehen unzufrieden – manche sogar so sehr, dass sie sich das stärkste Nervengift der Welt in die Lippen spritzen lassen?

Braucht man einen Whirlpool mit Dolby Surround und Flachbildschirm, wenn man einen Badesee vor der Haustür hat?

Wann ist die Rubensfigur wieder en vogue?

Warum ist der innere Schweinehund ein Kampfhund, der bissig wird, wenn man ihm zu nahe rückt?

Warum muss der Mensch seinen Körper pflegen, erhalten, ändern und durch den ärztlichen TÜV bringen, als wäre er ein Auto?

Der schlanke junge Mann auf der Liege neben mir scheint eingenickt zu sein. Er gleicht einem schlafenden Adonis. Zum Anbeißen. Sein Handtuch, einst über der Scham, ist zur Seite gefallen. Er hat wohl schöne Träume, denn sein kleiner Willi wirkt gut durchblutet.

Da habe ich plötzlich einen lichten Moment: Der Mensch lässt sich durchaus mit einem Auto vergleichen. Egal, wie schön und schnell es heute ist, eines Tages ist es Schrott. Egal, wie gut du es gepflegt hast. Irgendwann ist es vorbei.

Diese Vorstellung passt niemandem. Die Unausweichlichkeit des »Vorbei«. Der Gedanke daran vermiest das Wohlempfinden. Deswegen eignet sich Wellness so wunderbar als Sammelbegriff des Trostes für alle Bedürftigen. Um dieses »Vorbei« aufzuschieben. Deshalb tut Wellness immer gut, es verwöhnt, es repariert … Dabei steigert Wellness nicht nur das Wohlbefinden, sondern auch die Illusion, dass es mit dem »Vorbei« noch einige Zeit dauert. Deshalb soll Wellness vor allem immer eines sein: gesund. Denn nur etwas Gesundes ist lebendig.

Beim Hereinkommen in den Ruheraum ist mir in dem Zeitschriftenstapel eine Titelzeile ins Auge gefallen: »Erhebet die Herzen, beuget die Knie.«

Ich stehe auf, um mir die entsprechende Zeitschrift zu holen. Dabei lege ich dem Adonis das Handtuch wieder zart auf den Schritt, denn es könnte ihm ja sonst peinlich sein, wenn er aufwacht. Ein anderer Saunagast hat die prekäre Situation offenbar beobachtet, denn er schüttelt den Kopf.

Ich schlage den Artikel in der ZEIT auf. Autor ist der Kölner Medizinprofessor Manfred Lütz. Er schreibt, dass die Phrase, Gesundheit sei das höchste Gut, genau das und nicht mehr sei: eine Phrase. Das macht mich neugierig: Was ist denn ein höheres Gut als die Gesundheit?

»Noch bei Kant war das höchste Gut die Einheit von Heiligkeit und Glückseligkeit. Oder Gott.«

Beziehungsweise ein einzigartiges, entrückendes Wellnesserlebnis. Das ist schon ziemlich nah bei Gott, finde ich. Und heute?

»Wir erleben den bruchlosen Übergang von der katholischen Prozessionstradition in die Chefarztvisite. Diätbewegungen gehen als wellenförmige Massenbewegungen übers Land, in ihrem Ernst die Büßer- und Geißlerbewegungen des Mittelalters bei Weitem übertreffend.«

Wenn ich an die Ernsthaftigkeit denke, mit der Kieselerdepampe aufgetragen, mein Powerhouse motiviert und hier in dieser Sauna Handtücher geschlagen werden, und wenn ich die Hingabe betrachte, mit der diesen Aktivitäten gefrönt wird, dann trifft die Beschreibung von Dr. Lütz ins Schwarze, denn ich fange mir ein tadelndes Gezischel ein, weil ich zu laut geblättert habe. Ganz leise lese ich weiter:

»Unbewusst, aber umso machtvoller richtet sich die religiöse Ursehnsucht der Menschen nach ewigem Leben und ewiger Glückseligkeit heute an Medizin und Psychotherapie.«

Und an deren Produkte, Theorien, Vorschriften und Empfehlungen: Fett oder Zucker, BMI oder BMW, entspannen und entschlacken oder anspannen und kacken … für die richtigen Bewegungen, das richtige Essen, die richtigen Werte wie Cholesterin, Leber und Blutzucker. Keinesfalls aber für einen Wert wie soziale Gemeinschaft.

Ist Wellness die neue Religion? Ich fürchte, der Autor hat nicht ganz unrecht. Auch mit seiner Überlegung, dass uns Zeit fehlt, über welche die Menschen im Mittelalter noch verfügten. Die hatten sogar ewig viel Zeit, weil sie an das ewige Leben im Jenseits glaubten. Obwohl wir, demoskopisch gesehen, wesentlich älter werden als der Mensch im Mittelalter, bleibt uns unendlich weniger Zeit. Denn was sind schon die paar Jahre auf der Erde im Vergleich zur Ewigkeit, welche die Menschen damals erwartete?

Apropos »Mittelalter« … Die Krise im mittleren Alter gab es im Mittelalter natürlich nicht. Denn während man heutzutage trübselig dem verlorenen Glauben an die ewige Jugend nachtrauert, freute man sich seinerzeit auf die Ewigkeit.

Damit wir uns nicht falsch verstehen: Ich will hier nicht auch noch eine Ritterturnierlanze fürs finstere Mittelalter brechen. Aber so ein bisschen Memento mori und Carpe diem könnten uns nicht schaden. Denn unser Umgang mit dem Tod ist ein Totschweigen desselben. Tabuisierung. Gut gecremte Verdrängungsmechanismen. Und, das wissen wir aus der Psychologie, verdrängen ist schlecht. Für die Gesundheit.

Womit wir wieder beim Thema Wellness wären. Vieles von dem, was heutzutage unter dem Etikett »Wellness« verkauft wird, ist eine Mogelpackung, die einen Jungbrunnen verspricht, aus dem immer dieselbe, brackige, braune alte Brühe brodelt. Anti-Aging kann schon allein deshalb nicht funktionieren, weil Aging zum Leben dazugehört. Genauso wie der Tod. Findet übrigens auch der Medizinprofessor:

»Es gibt Menschen, die leben von morgens bis abends nur noch vorbeugend, um dann gesund zu sterben. Doch auch, wer gesund stirbt, ist definitiv tot.«

Ich lasse das Blatt sinken, denn das wird mir allmählich ein bisschen zu persönlich. Ich muss an Tscheers Aussage denken: Gesund ist nur, wer nicht lange genug untersucht wurde. Und dann schiele ich doch, nun (leise!) schniefend, auf die nächsten Zeilen:

»Die unvermeidlichen Grenzsituationen annehmen, darin besteht die wahre Lebenskunst.«

Hinter mir höre ich, wie eine Stimme flüstert: »Höhmaa … jetzt reicht es abba! Jetzt heult die auch noch beim Zeitunglesen!«

Trotzig und mich schnäuzend, lese ich weiter:

»Ein auf diese Weise gelingendes Leben kennt Zeichen der Muße, zwecklose, aber höchst sinnvolle Augenblicke des Genusses und der Lust am Leben.«

Der Artikel endet mit einem Zitat des Heidelberger Arztes und Philosophen Heinrich Schipperges:

»Um gesund zu sein, muss man der Welt im Ganzen zustimmen.«

Ich beschließe, die Welt im Ganzen anzunehmen, indem ich das Gezeter hinter mir ignoriere – und schreite zu meinem zweiten Saunagang.

Um in das Saunaareal zu gelangen, muss ich mich an einer Weggabelung zwischen Liebes- und Freundschaftsweg entscheiden. Ich wähle den Freundschaftspfad. Am Wandfries hängt eine Reihe von entsprechenden Zitaten. Die Freundschaft wird zudem symbolisiert von zwei reliefartigen Männergestalten, die wechselnd nebeneinanderknien, sich umarmen oder im Profil zueinander stehen und von denen man jeweils nur den Torso sieht oder den Po.

Ich studiere das erste Zitat:

»Ein Freund ist ein Mensch, vor dem man laut denken kann.«

Von Ralph Waldo Emerson, einem amerikanischen Philosophen und Dichter. Den kenne ich zufällig. Soweit ich mich erinnere, war er das April-Playmate in einem Vegetarier-Kalender, den mir Plopp geschenkt hat. Er wurde beeinflusst vom europäischen Idealismus, bevor er selber einflussreich wurde. Außerdem trat er für Naturnähe und Selbstverantwortung ein.

Insofern ein früher Vorfahr von Dr. Dunn, Travis, Adell usw.

In der Sache gebe ich Emerson recht. Was wäre ich ohne meine Freundinnen, denen ich ungefiltert den größten Quatsch erzählen kann, bevor ich das Ergebnis gefiltert in größere Kreise trage? Also nicke ich und schreite zum nächsten Zitat:

»Ältere Freundschaften haben vor neuen hauptsächlich das voraus, dass man sich schon viel verziehen hat.«

Das ist (natürlich!) von Johann Wolfgang von Goethe. Und: Es ist wahr! Ich habe Tscheer die Brille in der Disco und den »Braunen Ochsen« schon längst verziehen … Im Grunde genommen ist das meiste so läppisch und nebensächlich, dass man im Nachhinein gar nicht mehr weiß, worüber man sich aufgeregt hat. Johann Wolfgang, der wäre mein Typ gewesen, vorausgesetzt, man hätte sich riechen können, was ziemlich wichtig ist.

Beim nächsten Zitat bin ich verstimmt. Alfred Polgar, der österreichische Schriftsteller und Kritiker, schreibt:

»Freundschaft ist keine Nutz-, sondern eine Zierpflanze.«

Erstens sollte man nicht immer von sich auf andere schließen, und zweitens passt mir das Bild nicht. Natürlich kann Freundschaft nutzen *und* zieren, aber hauptsächlich geht es um ergänzen, spiegeln und ertragen. Österreichischer Kulturpessimismus. Pah!

Ah, noch einmal Österreich. Doch diesmal eine Frau. Marie von Ebner-Eschenbach. Wir beide sind hier die einzigen Frauen in dieser Sauna.

»Es gibt wenig aufrichtige Freunde. Die Nachfrage ist auch gering.«

Man will sich ja auch nicht von Kreti und Pleti ins Leben quatschen lassen. Und was die Aufrichtigkeit angeht: Ist man denn weniger aufrichtig, wenn man nicht zu allem und jedem seinen Senf dazugibt? Ist es nicht vielmehr wahre Freundschaft, wenn man zu manchen Dingen schweigt?

Das letzte Zitat ist von einem anonymen Autor, was die Bedeutsamkeit der Worte aber nicht schmälert.

»Freunde sind jene seltenen Menschen, die einen fragen, wie es einem geht, und dann auch die Antwort abwarten.«

Ich nehme mir fest vor, darauf künftig mehr zu achten.

Im Vorraum des Saunabereichs steht eine lebensgroße Kopie von Michelangelos David. Das war unser Treffpunkt in Florenz, als Tscheer dort studierte. »Sotto i coglioni di Davide«[1] lautete unsere

1 »Unter den Eiern von David«

Verabredung damals. Dieser David hier hat allerdings ziemlich ausgeprägte Hoden und ein erigiertes Glied. Nun ja, wahrscheinlich eine Schlamperei des Kopisten.

In der Sauna ist jetzt mehr los, es ist ja auch gleich Aufgusszeit. Diesmal wedelt ein muskulöser, farbiger Mitarbeiter, bei dem das Leinentuch um die Lenden eigentlich weder vorne noch hinten so recht passen will. Dennoch sieht es gut aus, wie er das aromatisierte Wasser auf die Steine gießt. Und wenn er das zusammengerollte Handtuch über dem Kopf zu einem Rad schlägt, springt wieder und wieder ein beeindruckender Brustmuskel hervor. Die Showeinlagen sind hier wirklich sehr viel besser als im Kleopatra-Bad!

Die Luft wird extrem feucht und stickig. Ich ringe nach Atem, taumele aus der Sauna, huste, sehe nichts mehr und halte mich irgendwo fest. Erst als es Knacks macht, merke ich, dass ich David den Pimmel abgebrochen habe …

Ich blicke mich um. Niemand direkt in der Nähe. Der bärtige Herkules schlägt gerade in einem offenen Nebengelass mit Birkenreisern auf zwei Männerrücken ein, begleitet von »Ahs« und »Ohs«. Auch aus der Sauna ertönt dramatisches Gejuchze. Vermutlich hat der schwarze Mann, kaum dass ich die Sauna verlassen hatte, sein Lendentuch abgewickelt, um damit die heiße Luft zu schlagen …

Denn nun habe selbst ich es verstanden: Hier sind nur Männer. Männer, die sich nicht besonders für Frauen interessieren. Nun erinnere ich mich auch daran, wer mir den Gutschein für »Meditation in der Sauna« geschenkt hat. Robert. Der Lausejunge! Schickt mich in eine elitäre Schwulensauna. Ich kann mir gut vorstellen, wie er feixt und jodelt, wenn er hört, dass sein Plan aufgegangen ist. Wie seine Tante Watte nackt und nichts ahnend in einem indignierten Herrenkreis schwitzt. So sehr mit sich selbst beschäftigt,

Tscheer: Viele Leute legen Wert darauf, »zur rechten Zeit am rechten Ort« zu sein, um das Richtige zu tun. Deshalb sind auch Überraschungen nicht jedermanns Sache. Also: Gut überlegen, wen man überrascht! Und wenn schon Überraschungen, dann sorgfältig inszenierte …

Plopp: Meditieren hat einen lateinischen Wortstamm und heißt so etwas wie sich der Mitte nähern. Aus dieser Mitte kann man durch allerhand Zwischenfälle herauskatapultiert werden. Daher mein Tipp: Sich immer erinnern, was die eigene Mitte ausmacht. Sei es die Familie oder der Spiegel am Badezimmerschränkchen. Ich kann nur jedem raten, sich seinen Ort der Rückbesinnungen und des inneren Friedens zu schaffen. Meiner ist das Gewächshaus.

Watte: Es gibt keinen falschen Ort für richtige Erkenntnis. Und bei vielen Dingen geht es heute doch darum, das Richtige im Falschen zu finden. Also verurteile man nicht die Lebensräume, in denen man sich befindet! Aber es ist schon wahr: Manche sind besser geeignet als andere. Mein Tipp: Orte, die dir gut gefallen, suche häufiger auf. Und allein.

dass sie die Sachlage erst erkennt, als sie Davids bestes Stück in der Hand hält.

Na warte, Bürschchen, denke ich zornig, dir werde ich die Meinung sagen! Da habe ich aber eine andere Vorstellung von Komik!! Jawohl, die habe ich!!! Oder? Aus mir bricht ein wahrhaft olympisches Gelächter.

»Hier herrscht Ruhe«, zischt mir der weißbärtige Herkules zu. Oder spielt er Zeus?

»Ja, ich weiß. Danke, ist schon gut. Soll nicht wieder vorkommen.«

Am Ausgang gebe ich Davids Detail ab und frage, ob ich für die Beschädigung aufkommen muss.

»Ach was«, sagt der freundliche junge Mann, »das passiert ständig. Ich klebe ihn nachher wieder an.«

Gut gelaunt wie lange nicht mehr, verlasse ich das einstige Mönchskloster …

Abwarten und Tee trinken

Der Lady-Walk in die Eifel ist wirklich die gelungenste Überraschung von allen. Fröhlich schreiten wir aus. Tscheer, Plopp und ich. Es ist einer dieser verrückten Ausflüge, wie wir sie alle zwei, drei Jahre machen.

Tscheer sieht blendend aus in ihrem Dreiviertel-Kalbslederhöschen mit dem karierten Blüschen. Plopp trägt den schweren Rucksack, weil sie sonst zu schnell für uns ist, und ich habe die Wanderkarte, damit wir auch ankommen.

»Wir sind schon ein tolles Dreigespann. Unsere innere Dreieinigkeit verkörpert Schönheit, körperliche Belastbarkeit und geistige Orientierung auf das Vortrefflichste«, denke ich laut.

»Du spinnst, mein Schatz«, sagt Tscheer, die schon schwitzt.

Plopp schlägt eine Pause vor. Klar, innerlich schlage ich mir an die Stirn und schäme mich, Tscheer hat ja gerade zwei Chemos hinter sich und ist deswegen vielleicht konditionell etwas eingeschränkt.

Wir ruhen auf einem der Lavafelsen, welche die Erdentwicklung hier hinterlassen hat und die von der Erosion der Jahrtausende freigelegt wurden. Bevor der Mensch Hand anlegen konnte, begann sich der kleine Fluss seinen Weg zu graben. Sein Bett geriet immer tiefer zwischen die Felsen. Allmählich kamen die fruchtbaren Hänge zum Vorschein, auf denen seit 2000 Jahren Wein angebaut wird. Von unserem Aussichtspunkt aus hat das Tal eine Weite, die es sonst bisweilen vermissen lässt.

Ungeachtet ihrer teuren Bluse legt sich Tscheer auf einem der heißen, sonnendurchtränkten Felsen auf den Rücken.

»Hätte ich vielleicht schon früher machen sollen. Vulkanerde wird heilende Kraft zugeschrieben. Soll ich euch was sagen? Einen Körper zu haben ist ein Geschenk. Wenn ich es bis zur Reha schaffe, mache ich die auf Lanzerote.«

Mir fällt nichts ein, um die folgende Stille zu überbrücken.

»Wenn du das meinst, wird es sicher richtig sein.«

Nur Plopp kann so etwas sagen, ohne dass es sich blöd anhört. Stille.

»Hast du dir überlegt, wie du alles machen möchtest … jetzt?«, fragt Plopp.

»Was heißt da, wie ich das machen möchte? Dummerweise ist das ja eine Entwicklung, die nicht wirklich *ich* in der Hand habe.«

Plopp und ich nicken. Wir wissen das. Und das ist für Tscheer vermutlich besonders hart: dass sie nicht bestimmen kann, wo es langgeht.

»Aber was den zeitlichen Verlauf angeht, so ist der ja einigermaßen klar«, fährt sie ein wenig versöhnlich fort. »Und dann gibt es halt zwei Möglichkeiten. Entweder es geht gut oder eben nicht.«

»Wir gehen jetzt mal davon aus, dass es gut geht«, sagt Plopp mit belegter Stimme. »Aber was hättest du gerne von uns?«

»Von dir, Plopp, hätte ich ganz gerne, dass du ein bisschen auf Alexander achtest … und vor allem auf Wolfgang.«

»Ich könnte mich auch mal um Wolfgang kümmern«, biete ich an.

Tscheer grinst.

»Nicht dass ich da irgendwelche persönlichen Bedenken hätte, aber es ist einfach nicht günstig, wenn sich eine allein lebende Frau um einen Strohwitwer kümmert. Denn noch bin ich ja lebendig. Und außerdem … hätte ich Wolfgang gerne mit dem Gewicht wieder, mit dem ich ihn zurücklasse. Und ich bezweifle, dass deine Gesellschaft dafür günstig ist!«

»Bitte, bitte … Dann eben nicht!«

»Watte«, lenkt Tscheer ein, »ich möchte, dass du dich um Robert kümmerst. Du hast doch einen wunderbaren Zugang zu ihm, und er bewundert dich so sehr.«

»So, so«, murmele ich, »er bewundert mich also.«

Ich erinnere sie an den Saunastreich, den er mir erst vor Kurzem gespielt hat.

Tscheer lacht.

»Das ist doch nur seine Art, es dir zu zeigen.«

»Was?«

Plopp guckt mich an.

»Na, dass er … Du verstehst schon.«

Nein, ich verstehe immer noch nicht.

Tscheer legt ihre Hand auf meine.

»Mein Güte, Watte! Dass er schwul ist. Das weiß doch wirklich jeder.«

Aha. Mal wieder weiß es jeder – außer mir!? Nein, das stimmt diesmal nicht; denn eigentlich weiß ich es schon sehr lange. Seit dem Karneval, als der achtjährige Robert unbedingt die Prinzessin sein wollte und dafür Tscheers Kleiderschrank plünderte. Ich hatte nur nie etwas dazu gesagt, weil ich dachte, dass Tscheer …

»Was soll ich mich darüber aufregen?«, sagt sie. »Vielleicht liegt es sogar an mir. Ich wollte damals eigentlich überhaupt keine Kinder, und dann wurden es auch noch zwei! Alexander und sein Vater sind ein Herz und eine Seele und Robert … nun, Robert hat dich, Watte!«

»Das sehe ich genauso«, fügt Plopp hinzu. »Du wolltest doch immer Kinder, Watte. Die hast du bekommen. Robert und Lissy sind auch deine Kinder.«

Bevor die Situation nun allzu sentimental wird, sagt Tscheer mit mütterlichem Stolz:

»Jedenfalls hat Lissy jetzt einen vernünftigen Tanzpartner, der gut aussieht und um den sie die anderen Mädchen beneiden werden.« Sie sieht mich an. »Nicht so einen Reiner Rübezahl wie du damals.«

Reiner Rübezahl war mein Tanzschulpartner, der mir ständig auf den Füßen stand und seinem Spitznamen alle Ehre machte – mit der damals bei jungen Männern extrem modischen Behaarung im Gesicht und auf dem Kopf.

»Okay«, sage ich. »Mach ich.«

»Und du selbst«, fragt Plopp, »möchtest du besucht werden? Soll man dich fahren, bringen, tragen, streicheln?«

Tscheer denkt nach. Dann sagt sie:

»Keine Ahnung. Im Moment auf jeden Fall nicht. Ich könnte mir auch vorstellen, dass ich niemanden sehen möchte. Vor allem, wenn es mir sehr schlecht geht. Dafür, bitte ich euch, Verständnis zu haben. Wenn es nämlich schiefgeht, dann möchte ich, dass ihr mich so in Erinnerung behaltet, wie ich jetzt bin … Doch wenn ich es mir anders überlege …«

»Dann kommen wir!«, bestimmt Plopp.

»Und wenn ich nur Watte sehen möchte, weil du mir zu fürsorglich bist, Plopp …«

»… werde ich dir das bestimmt nicht übel nehmen.«

Tscheer zaubert aus ihrem winzigen Rucksack eine Digitalkamera und eine noch winzigere Hightech-Designer-Picknickdecke, die sich zu unfassbarer Größe ausbreiten lässt. Plopp packt den großen Rucksack aus mit Tee, Fruchtsaft, Apfelstückchen, harten Eiern von eigenen glücklichen Hühnern, Rhabarbertorte und falschen Hasen. Natürlich alles biologisch einwandfrei und hausgemacht.

Ich fummele an der Kamera herum, um den Selbstauslöser zu finden.

»Was wird eigentlich aus Ploppenburg?«, fragt Tscheer plötzlich.

»Vielleicht habe ich da etwas Gutes gefunden«, berichtet Plopp, während sie als lebendiges Tischlein-deck-dich eine Leckerei nach der anderen drapiert.

Einen Goldesel vielleicht?

»Nun lass doch den Knüppel aus dem Sack«, fordere ich, als sie immer noch nicht fortfährt.

»Was?«, fragt sie verwirrt.

»Rück schon raus mit der Sprache!«

»Also, es gibt da Interesse vom Salesclub Frux 'n' Herba.«

Verständnislos schauen wir unsere Freundin an.

»Das ist ein Wirtschaftsverband für Frucht- und Kräutertee.«

»Ach was«, sage ich.

»Das ist vielleicht gar nicht so bescheuert, wie es sich anhört«, springt Tscheer bei. »Die Verbrauchergewohnheiten ändern sich, die Leute trinken mehr Tee, weil er kaum Kalorien hat. Und Tee ist ökologisch interessant, da steckt das Thema fairer Handel drin, da hängen Rohstoffpreise dran …«

»Aufguss für den Aufschwung«, kalauere ich vergnügt.

»Auf der Webseite«, erzählt Plopp, »werden auch Wellnesstees speziell für Schwangere angeboten.«

»Manche mögen's heiß«, kichert Tscheer. »Jetzt heißt es also abwarten und Tee trinken.«

Jedenfalls brauchen die, wie uns Plopp berichtet, ein größeres Büro. Die wollen auch Schulungen anbieten und ein Freigelände anlegen – und Ploppenburg wäre ein idealer Standort dafür.

»Eventuell«, fügt Plopp aufgeregt hinzu, »bauen die auch ein großes neues Gewächshaus. Einen Show Garden! So wie damals das Orchideenhaus.«

Sehr erleichtert, dass die dekadenten Goldmassagen vom Tisch sind, sage ich:

»Ich finde, das passt zu dir und zu Ploppenburg.«

Tscheer nickt.

»Außerdem ist das eine Nische und ein Zukunftsmarkt.«

Da ist er wieder: Tscheers untrüglicher Instinkt für Kies.

WENN FRAUEN GEMEINSAM ETWAS UNTERNEHMEN

Tscheer: Wer zusammen etwas unternehmen will, sollte sich vorher gut überlegen, mit wem. Es hat keinen Zweck, die Nähe von Menschen zu suchen, die einen nicht leiden können, bloß weil man besser aussieht.

Plopp: Wenn Frauen miteinander verreisen, sollten wichtige organisatorische Fragen vorab geklärt sein: Wer bestimmt, wann gegessen wird, wer bestimmt, wohin ausgegangen wird, und wer bestimmt, wo es langgeht.

Watte: Das Leben besteht aus einer Menge großartiger, manchmal aber auch unangenehmer Details, die sich bisweilen nicht zu einem harmonischen Ganzen fügen. Den Sinn einiger Dinge versteht man häufig erst viel später. Darum: »Um gesund zu sein, muss man der Welt im Ganzen zustimmen. Freundinnen helfen dabei.«

Ich stehe auf und suche einen geeigneten Standort für die Kamera. Dabei schießen mir die zahllosen Ausflüge durch den Kopf, die wir in den letzten Jahrzehnten unternommen haben. Die Besichtigung sämtlicher botanischer Gärten in der näheren Umgebung und in der weiteren Welt. Plopp zuliebe. Die Besichtigung und Bewanderung großer Modehäuser und angesagter Diskotheken. Tscheer zuliebe. Der Besuch von schrägen Bühnenshows und avantgardistischen Ausstellungen. Mir zuliebe. Aber dieses Foto mache ich uns zuliebe.

Abspann

Im nächsten Frühjahr

Am Bahnhof wartet Plopp schon auf mich.

»Du hast ja ein neues Auto!«, bemerkt sie, als sie einsteigt. »Das ist wirklich entschieden bequemer als die tiefergelegte Angeberschüssel, die du vorher hattest.«

Habe ich richtig gehört? Plopp benutzt das Wort »bequem« in einem positiven Zusammenhang? Nun ja, wir werden alle nicht jünger. Und, wie mir auffällt, als sie sitzt, selbst die ewig elastisch dünne Plopp scheint ein bisschen zugelegt zu haben und so etwas wie eine starke Mitte zu entwickeln.

Als wir beim Italiener ankommen, ist Tscheer bereits da und winkt gerade nach Franco. Ich finde einen Parkplatz im eingeschränkten Halteverbot, glücklicherweise *neben* dem Lokal, denn ich will nicht die ganze Zeit auf mein neues, gesundes, hässliches Auto gucken.

»Aber du hast jetzt doch weniger Rückenschmerzen, nicht wahr?«, erkundigt sich Plopp, während sie aussteigt.

»Hm, stimmt«, gebe ich widerstrebend zu. Ich bin etwas verschnupft, weil ich wittere, dass ihr die Frage auf den Lippen brennt: Wenn es deinem Rücken besser geht, warum hast du dann dein Auto gegen so ein pragmatisches Rentnermobil getauscht?

Dabei weiß sie ganz genau, dass ich erst weniger Schmerzen habe, seit ich mich nicht mehr in die tiefgelegte Rennsemmel quetschen muss!

»Du hast abgenommen, oder?«, fügt Plopp unvermittelt hinzu.

Das wiederum gefällt mir.

»Ein bisschen«, murmele ich bescheiden. »Ich mache halt meine Übungen.«

Als wir in dem Lokal eintreffen, bestellt Tscheer bei Franco Kräutertee.

»… per favore.«

»Si, pronto!«

Franco lächelt begeistert – ganz wie früher.

Tscheer ist ziemlich dünn, aber ihr wohlgeformter Arm fällt wie eh und je lässig in ihren Schoß, geziert von makellosen Fingerspitzen. Die kurzen weißen Haare passen sehr gut zu ihrem gebräunten Teint.

»Im Sonnenlicht scheint eine Aureole von Tscheer auszugehen«, befindet Plopp. »Maria mit Heiligenschein.«

»Quatsch«, sage ich, »Aureole ist Gold, das hier ist Platin. Ein platinschimmernder Heiligenschein.«

Plopp schüttelt den Kopf und flüstert:

»Die hat was mit ihren Haaren gemacht!« Offenbar kann sie es nicht fassen. »Keine zwei Tage zurück aus der Reha und …«

»Das ist doch ganz natürlich, liebste Plopp«, flüstere ich zurück, »bei Tscheer ist das alles ganz natürlich.«

Unsere Umarmung ist lang und herzlich.

»Watte hat ein neues Auto«, beginnt Plopp. »Wegen des Rückens.«

Tscheer lacht.

»Ja, man stellt sich um. Und was ist mit dir, Plopp. Wie geht's dir?«

»Och« sagt Plopp, »den Umständen entsprechend. Es war natürlich eine Überraschung. Ich hab es erst gar nicht gemerkt.«

»Wie alt bist du jetzt?«, fragt Tscheer.

»48.«

»Warum auch nicht? Dein Körper hat schließlich Erfahrung mit der Sache.«

Wieder einmal habe ich das Gefühl, dass Ereignisse an mir vorbeilaufen und ich irgendwelche offensichtlichen Dinge nicht richtig einordnen kann. Welche Überraschung? Welche Umstände?

»Darf ich mal fragen«, mische ich mich ein, »was eigentlich los ist?«

»Plopp bekommt noch ein Baby«, verkündet Tscheer.

»Von wem?«, frage ich perplex.

»Von Holger«, sagt Plopp. Ihr Blick macht mir deutlich, wie doof sie meine Frage findet.

»Ach du lieber Gott«, sage ich und stelle meine Handtasche in den dampfenden Kräutertee.

Tscheer stupst mich an: »Du bist und bleibst ein kleiner Tollpatsch!«

Dann legt sie den Arm um mich und sagt zu Plopp:

»Wir werden dein Baby schon schaukeln! Ab und zu jedenfalls.«

Das kann doch alles nicht wahr sein. Es ist so typisch! Tscheer kommt aus der Reha zurück, ist gerade dem Tod von der Schippe gesprungen, und das Erste, was sie macht, ist, einen neuen Look zu kreieren. Plopp kriegt wieder ein Kind, und jeder weiß es außer mir. Von mir gibt es nur zu berichten, dass ich nun ein gesundes, aber hässliches Auto fahre … Ich lehne mich zurück und schließe die Augen, vielleicht merkt es jetzt jemand?! Dass ich dem Drängen irgendwann nachgegeben habe und mir tatsächlich die Schlupflider habe lupfen lassen. Aber nichts. Null Reaktion. Das hätte ich mir also schenken können. Das sieht natürlich kein Schwein!

Dank und Schlusswort

Grazie per tutto!

Für die Anregungen zu diesem Buch bedanke ich mich bei vielen. Zunächst einmal bei Sabine Jürgens, ohne die dieses Projekt nicht entstanden wäre. Bei den Redakteuren der Feuilleton- und Gesellschaftsseiten von Süddeutscher Zeitung, ZEIT, FAS und WELT am Sonntag, die vielen der in diesem Buch erwähnten Themen ausführliche, schöne, erhellende und kritische Beiträge gewidmet haben. Dank auch an die Lifestylemagazine auf Deutschlandfunk und WDR 5.

Die Herren Montignac, Strunz und Heizmann existieren übrigens und sind mühelos im Internet zu finden. Genauso wie die Goldpackung. Natürlich gibt es auch Brigitte, Men's Health und »Schlank im Schlaf« (liefern allesamt sehr sinnvolle Anregungen). Im Hinblick auf den Zusammenhang von Wellness, Fitness und Spiritualität möchte ich das Buch von Willigis Jäger und Dr. Christoph Quarch »… denn auch hier sind Götter« erwähnen.

Auch den Bundesverband für Wellness gibt es. Frei erfunden sind allerdings das Kleopatra-Bad und die Meditation in der Sauna, wobei Sie und ich natürlich Einrichtungen kennen, die diesen sehr ähnlich sind …

Dass es Bad Hohdenlohse nicht gibt, haben Sie sich bestimmt fast gedacht. Aber es gibt sehr viele Kurbäder mit Kurdirektoren und -schatten in Deutschland …

Kein Scherz: Der Grüne Punkt wird abgeschafft. Den Salesclub Frux 'n' Herba hingegen verdanken wir einer Anregung von Dagmar J. A.

Abschließend möchte ich sagen: Dafür, dass das Männliche nicht zu kurz kam, ist Michael Eichhammer verantwortlich. Die Zusammenarbeit hat großen Spaß gemacht. Danke!

Wirklich erfreulich fand ich auch die Zusammenarbeit mit meiner Literaturagentin und Lektorin Swantje Steinbrink sowie mit dem Verlag.

Vielen Dank!
Ihre Anka Zink

Köln im September 2009

Bei Franco:
Watte ist auf die Terrasse gegangen, um zu telefonieren.

Tscheer: »Jetzt sag mal: Wie findest du sie?«

Plopp: »Die Augen?«

Tscheer: »Ja, sind doch super geworden, oder?«

Plopp: »Ja, es sieht gut aus, aber ich bin nicht dafür. Ich finde das widernatürlich und pervers, dazu werde ich kein Wort sagen.«

Tscher: »Aber es sieht besser aus!«

Plopp: »Ich sage trotzdem nichts dazu … Man muss in Würde altern können.«

Tscheer: »Genau das ist doch das Ziel!«

Plopp: »Optisch erreicht, ethisch verfehlt.«

Tscheer: »Moralinsaure Adelsschnepfe!«

Plopp: »Wie belieben, Frau Dr. Frankenstein!«

Tscheer: »Phh.«